PROBING INTERNATIONAL TOURISM
EXCHANGING AND DEVELOPMENT

国际旅游交流发展探索

杨劲松 ◎ 著

中国财经出版传媒集团

经济科学出版社
Economic Science Press

图书在版编目（CIP）数据

国际旅游交流发展探索/杨劲松著．—北京：经济科学出版社，2020.9

ISBN 978-7-5218-1854-3

Ⅰ.①国… Ⅱ.①杨… Ⅲ.①国际旅游-旅游业发展-研究-中国 Ⅳ.①F592.3

中国版本图书馆 CIP 数据核字（2020）第 174555 号

责任编辑：张　蕾
责任校对：靳玉环
责任印制：王世伟

国际旅游交流发展探索
杨劲松　著
经济科学出版社出版、发行　新华书店经销
社址：北京市海淀区阜成路甲 28 号　邮编：100142
编辑工作室电话：010-88191375　发行部电话：010-88191522
网址：www.esp.com.cn
电子邮箱：esp@esp.com.cn
天猫网店：经济科学出版社旗舰店
网址：http://jjkxcbs.tmall.com
北京季蜂印刷有限公司印装
710×1000　16 开　11 印张　200000 字
2020 年 12 月第 1 版　2020 年 12 月第 1 次印刷
ISBN 978-7-5218-1854-3　定价：79.00 元

前　言

改革开放以来，我国在国际旅游交流与合作上进行了系统地探索。无论是重要机制框架的构建和执行，还是在双边、多边等不同场景的旅游交流与合作上都越来越活跃，也越来越为世界所关注。在入境旅游和出境旅游发展、双向旅游投资以及文化和旅游融合等方面都有突出表现。此间积累了丰厚的经验，也为本书提供了珍贵的素材。在国内以大循环为主体、“国内国际双循环”相互促进的新发展格局下，作为新格局塑造的重要方面，国际旅游交流与合作的重要性日益凸显，更体现出无限丰富的可能性。高质量的中国旅游发展，呼唤高质量的国际旅游交流与合作。我们正在见证历史，也正在穿过历史和创造历史。

本书立足于国际旅游交流和国际旅游合作的基本概念内涵，全景式展现中国国际旅游交流合作的历程和经验，探索在“国内国际双循环”阶段如何高质量地应对机遇和挑战。试图回答在新时代如何从深度、广度和创新性等方面更好地推动中国与世界的旅游交流与合作。有简要的理论梳理，更有鲜活的实践认知和经验的介绍总结，案例丰富，针对性强。是构建有中国特色的旅游国际化理论的新尝试，对于旅游官产学各界均具有借鉴意义。

作者

2020 年 12 月

目 录

Contents

第一章
国际旅游交流合作概述

第一节　国际旅游交流与国际旅游合作

一、定义探讨

很难精确严谨地定义国际旅游交流与国际旅游合作。为了读者理解的方便，这里只进行初步定义，阐释对国际旅游交流与国际旅游合作的简单思考。

国际旅游交流是指跨过国家或地区边界的旅游人员互动和信息互换的过程。交流双方或多方通过人员交往和信息传递交换，在沟通交流和信息流动传播的过程中把自己拥有的资源提供给对方，这种过程既是意识的，也是物质的。

国际旅游合作是指国际行为主体之间基于相互利益的基本一致或部分一致，而在旅游领域中所进行的政策协调行为。国际旅游合作的基础在于相关参与主体相互利益的基本一致或部分一致。正是由于利益的重合或部分重合，才造就了国际旅游合作的现实基础，在对立和冲突中追求妥协和协调。为了保障共同利益的实现，国家需要对本国制定的合作政策进行调整，以使其和其他国家和相关国际组织的政策兼容。国际旅游合作问题一般涉及范围、目标、形式、领域和如何形成等。

二、国际旅游交流与国际旅游合作的关系

国际旅游交流与国际旅游合作有明显区别，但也密不可分。在参与主体上，国际旅游合作更多指具有外事能力的国际行为主体，官方性质明显，而国际旅游交流的主体更为宽泛，包容性更强。在涉及领域上，国际旅游交流

几乎无所不包，有实实在在的自然人移动和接触，有各种形式的信息交换，也有由于交往产生的审视和自我审视。出入境旅游在内的人员往来、思想碰撞、投资和产业运行方式、管理经验和技术等都可以成为国际旅游交流的内容。国际旅游合作的领域与之类似，凡是需要多个国际主体参与才能推进的事项都可以包含进来。在时序上，很多时候国际旅游交流在合作之前，也有不少国际旅游交流与合作并行的情况。由于国际政经形势和自然环境的变化，国际旅游交流与合作既复杂又变动不拘，既涉及经济发展、政治稳定、国土安全和可持续发展等议题，又与签证、市场开放、领事保护等具体细节相联系。既与政府部门相联系，更与广大旅游者、旅游企业和各相关利益方相联系。某个国家或地区的旅游业发展政策，或多或少都涉及国际旅游交流与合作。通观世界旅游业发达国家制定的旅游发展中长期政策，如美国2012年推出的《国家旅游和旅行战略》和2009年推出的《旅游促进法案》，欧盟的《新欧盟旅游政策框架》，英国的《2012年决胜：旅游业战略和超越》，法国的《旅游服务业发展与现代化法律（草案）》，日本的《新成长战略——重建“活力日本”方案》，澳大利亚的《国家长期旅游业战略》，新西兰的《2015年旅游业发展战略》，加拿大的《2009～2013年旅游业发展战略》，韩国的《观光产业先进化战略》等，都在力争加强国际交流合作，注重客源互换，并在此基础上建立互补短长的政府间合作机制，以此应对日趋激烈的国际旅游业竞争。

插图作者：杨璟绎

国际旅游交流与合作也具有敏感性，往往一有风吹草动就会受到明显影响。本书涉及的国际旅游交流与合作，有出入境旅游、机制框架、区域多双边、边境旅游、“一带一路”、旅游投资和文旅融合等方面的内容。

第二节　我国国际旅游交流合作历程

国际旅游交流合作的发展历程同时也是中国旅游业对外开放不断深化的过程。早在 1978 年，中国旅游业就以积极的姿态投身国际旅游合作。入境旅游既是现代中国旅游业发展的起点，也是国际合作的优先领域。1979 年改革开放后第一批的中外合资项目中旅游企业占据重要位置。20 世纪 80 年代之后，中国旅游业全方位与旅游发达国家或地区交流学习，在发展理念、资金筹措、教育合作、人员培训等方面逐渐与国际体系接轨，起点较高。开放过程中，中国旅游接待体系的不断成熟不仅满足了入境旅游市场的需求，还催生了 90 年代规模庞大的国内旅游市场。进入 21 世纪，中国出境旅游市场保持稳定增长，2019 年出境旅游人数更达到 1.55 亿人次的空前规模，旅游服务贸易成为我国在服务贸易总量中的重要组成部分。在此推动下，国际旅游合作不满足于单纯的参与，而是尝试通过经批准的中国公民旅游目的地（ADS）等方式引领国际旅游交流合作转变。国际旅游交流合作经历了从单向输入到双向互动的历史性变革，也为旅游业发展创造了更为广阔的空间。

第三节　国际旅游交流合作的意义和成就

一、有利于进一步夯实国家和人民间的情感基础

从 1981 年起，我国先后在东京、巴黎、纽约等城市设立 21 个旅游办事处，推动了全球范围内超过 3 亿人次的跨地区交流。自由行走和常来常往形成了实实在在的民意基础和情谊支撑。特别是出境旅游以其巨大规模和快速发展引起了国际高度关注。中国游客、中国旅游企业的所思所想成为世界各国下力气琢磨的事情。旨在为中国游客提供更好的服务的“欢迎中国”项目已遍布全球 32 个国家和地区，其认证范围从酒店业拓展至交通设施领域，罗

马机场和意大利高铁意塔罗等有影响力的重要市场主体均已加入。游客和企业与相关国家和地区的频密接触和旅游交往，不仅有利于更加直接、形象地传播中国政策、国情和民生，还赋予交流合作更加实质和丰富的内涵。有力增进了民众间的相互了解和彼此信任，通过旅游交流合作，结交好伙伴，发出中国好声音，树立了中国好形象。

二、有利于推动人类命运共同体理想的实现

作为一项具有全球影响力的重要倡议，人类命运共同体涵盖了不同地理区域、历史文化、社会制度、经济体量和发展阶段的国家。巨大的差异决定了愿景形成、观念磨合和理念共振的长期性和复杂性，更需要世界各国的深入理解和认同。在交流互鉴，推动人类命运共同体成为国际社会优先选项的过程中，同时整合经济、人文、情感等多重因素为一体，国际旅游交流合作发挥了不可替代的重要作用。入境旅游的稳健发展和全域旅游战略的全面推广，培育创建了一大批具有世界影响力的国际旅游目的地。入境旅游将中国生活、中国经验、中国智慧和中国方案生动呈现在上亿入境旅游者跟前，易理解、有温度、可借鉴的中国人民的美好生活触手可及。近年来，中国出境游客规模屡创新高，与此相伴随的，是中国游客与目的地民众的联系交往更为频密，关系更加亲近，国际舆论对中国游客的态度更加趋于积极。旅游在推进与目的地国家、地区民心相通中，发挥了更具建设性和“润物无声”的作用。亿万游客的往来是“各美其美，美人之美，美美与共，天下大同”的生动注脚。旅游交流合作为国际社会理解人类命运共同体、思考人类文明的演化提供了新的发展方向和现实样本，也创造了更多民间外交的珍贵机会。

2019 年，中国出入境旅游规模达到 3 亿人次，继续保持世界第一大出境客源国和第四大入境旅游接待国的地位。中美、中俄、中印、中东欧、中国东盟的旅游交流规模迅速扩大，与之相关的双向旅游投资也方兴未艾。旅游产业的国际化布局正在紧跟中国游客的脚步。国家开发银行、中国进出口银行、丝路基金、中国—欧亚经济合作基金、亚洲基础设施投资银行等金融机构也在全球范围的旅游基础与接待设施建设中扮演更加积极的角色。中国与世界各国共同的旅游利益公约数越来越大。

三、有利于促进国家间交往的价值供给和规范创新

旅游交流合作有助于汇集国际社会关注的共同议题。在世界旅游发展大会、世界旅游城市香山峰会、国际山地旅游峰会等自主国际平台上，在中南非等重要旅游机制中，通过汇集“旅游促进发展、旅游促进扶贫、旅游促进和平”等共识促成了更公正合理的行动规则，广泛维护了发展中国家的利益。围绕“一带一路”倡议、东盟—湄公河流域开发合作、大湄公河次区域经济合作、中亚区域经济合作、图们江地区开发合作以及孟中印缅经济走廊、中巴经济走廊等区域次区域合作机制框架，我国与周边国家的旅游合作逐步得到加强，先后与朝鲜、俄罗斯、哈萨克斯坦等国家签署了旅游合作谅解备忘录，有力地推动了周边国家命运共同体建设。

通过倡议策划中美省州旅游部长会议、中日韩三国旅游部长会议、中俄人文合作委员会旅游分委会、中日韩与东盟（10＋3）旅游部长会议、博鳌国际旅游论坛等高级别会议，旅游业在中国与湄公河流域、东北亚地旅游区和东盟自由贸易区等国际合作中发挥了主导作用，旅游业开始成为国际合作中的聚光焦点。通过创建世界旅游联盟（WTA）、世界旅游城市联合会（WTCF），加强与世界旅游组织（UNWTO）、世界旅游与旅行理事会（WTTC）、亚太旅游协会（PATA）等国际旅游组织的交往，与加拿大、墨西哥、越南等多个国家或地区签署旅游谅解备忘录或合作协议，有效地削减了签证、语言环境等障碍，传递了中国声音。在1987年9月世界旅游组织第7次全体大会上，中国成功进入世界旅游组织执委会，在2007年11月的第17次全体大会上，汉语正式成为世界旅游组织的官方语言，中国日益成为在世界旅游格局中话语权不断提升且有举足轻重的力量。通过二十国旅游部长会议、博鳌国际旅游论坛等平台，中国与世界分享了在非典（SARS）、北京奥运会、汶川大地震、国际金融危机等历史时期的应对经验和旅游业进入国家战略体系的历史成就，扩大了中国旅游业发展理念的影响。通过中国旅游企业“走出去”、开展国际旅游规划咨询、评估中欧/中澳旅游目的地合作协议执行情况、强化国际旅游学术交流等方式，传播了中国旅游发展的模式经验。越来越多的中国旅游学者站在了国际讲坛上，讲述极具吸引力的中国故事，扩大了中国旅游业发展理念的影响。

我国国际旅游交流合作已经取得了巨大的成就和宝贵的经验，但是也存在国际旅游事务参与程度不足，主导规则、主动设置话题的效果欠佳，中长期战略缺位等问题。未来需要更多的“以我为主”构建国际旅游交流合作平台，主动设置旅游领域国际话题，以专门机构和专业人才为抓手，系统提升国际旅游交流合作整体水平。

第二章
入境和出境旅游发展

人员往来是国际旅游交流合作的重要方面，入境旅游和出境旅游一道，不仅夯实了国际旅游交流合作的市场和产业基础，开拓出更多的创新空间，还创造出良好的交流合作氛围，深化了中国与世界的理解和互动，有力地推动了人类命运共同体建设。毫无疑问，观察、分析和展望我国入境和出境旅游的发展，是深入了解国际旅游交流合作探索的重要一环。

第一节　入境旅游发展

一、入境旅游发展概况

在国内旅游、入境旅游和出境旅游三大市场中，入境旅游是我国当代旅游业发展的先导，不仅培育和扩大了市场，还创造吸引了当时国家急需的外汇、积累了现代旅游业发展的经验，为世界了解和理解中国创造了更为良好的条件，成为国家对外开放的重要窗口和中国服务的品质标杆，历史性地推动了改革开放进程。20 世纪 80 年代，入境游客年平均增长率为 13.48%，入境外国游客平均年增长率为 9.97%。20 世纪 90 年代，入境游客年平均增长率为 9.60%，入境外国游客平均年增长率为 14.13%。在 21 世纪的第一个 10 年，入境游客年平均增长率为 4.14%，入境外国游客平均年增长率为 8.81%。2011～2019 年，入境游客年平均增长率为 0.88%，入境外国游客年平均增长率为 2.05%。可以看出，入境游客市场增长经历了高速增长、平稳增长到低速增长的进程，总体上呈现出平稳回落的走势。入境游客年平均增长速度和入境外国游客年平均增长速度不一致的原因在于入境游客总数包括港澳台入境游客。尽管在 20 世纪 80 年代入境外国游客增长速度低于平均增长速度，但是从 90 年代至今，入境外国游客的增长速度均高于平均增长速度，且在最近几年里是总体平均增长速度的2倍以上。1981～1990年、1991～2000年、2001～2010年、2011～2019年我国接待入境游客数量与增长情况、接待外国入境游客和入境游客数量、接待外国入境游客和入境游客增长率如图2－1～图2－12所示。

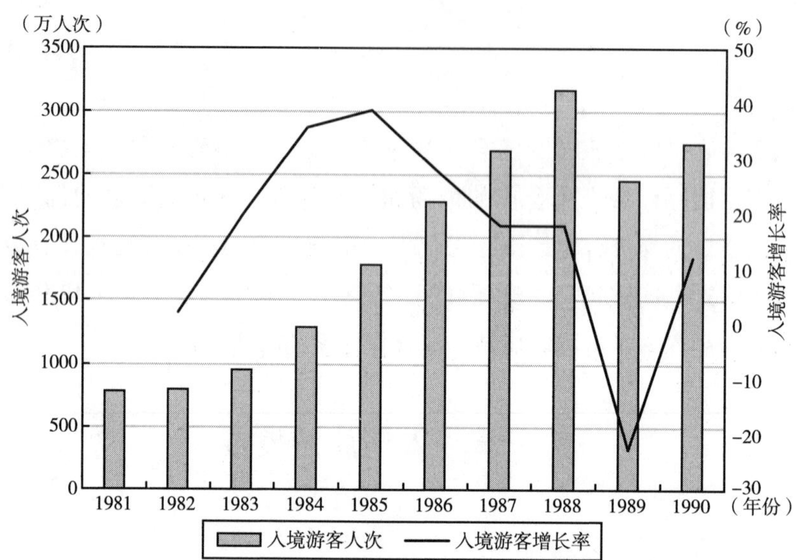

图2－1　1981～1990年我国接待入境游客数量与增长情况

资料来源：国家统计局官网。

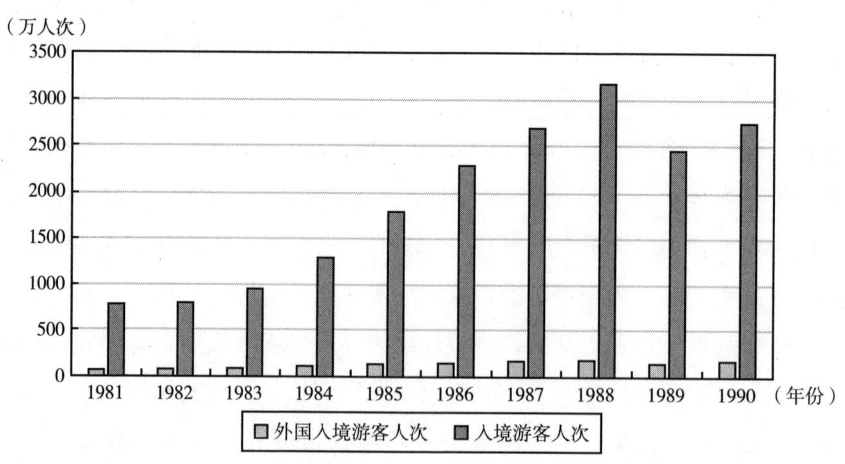

图2－2　1981～1990年我国接待外国入境游客和入境游客数量

资料来源：国家统计局官网。

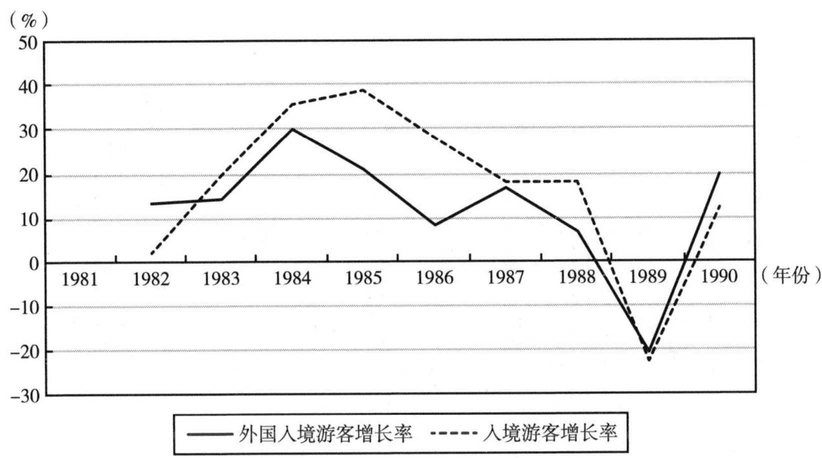

图 2-3　1981～1990 年我国接待外国入境游客和入境游客增长率

资料来源：国家统计局官网。

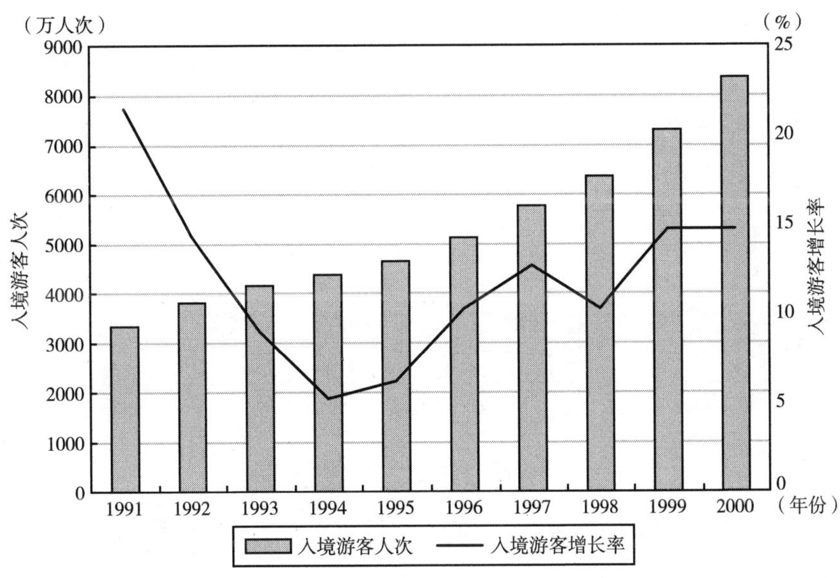

图 2-4　1991～2000 年我国接待入境游客数量与增长情况

资料来源：国家统计局官网。

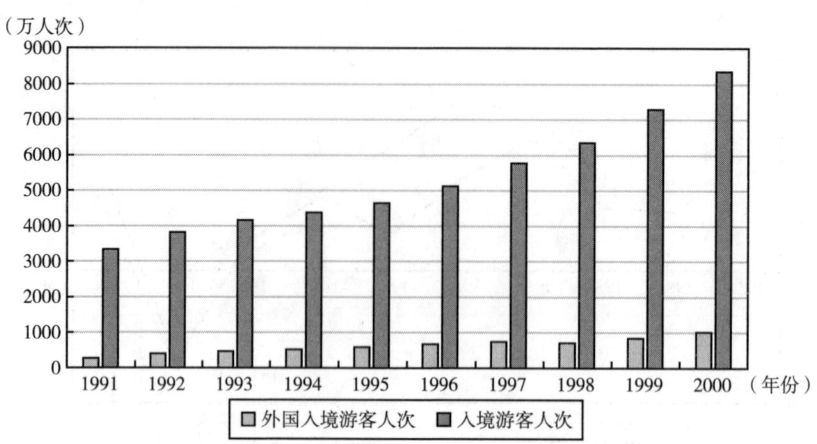

图 2－5　1991～2000 年我国接待外国入境游客和入境游客数量

资料来源：国家统计局官网。

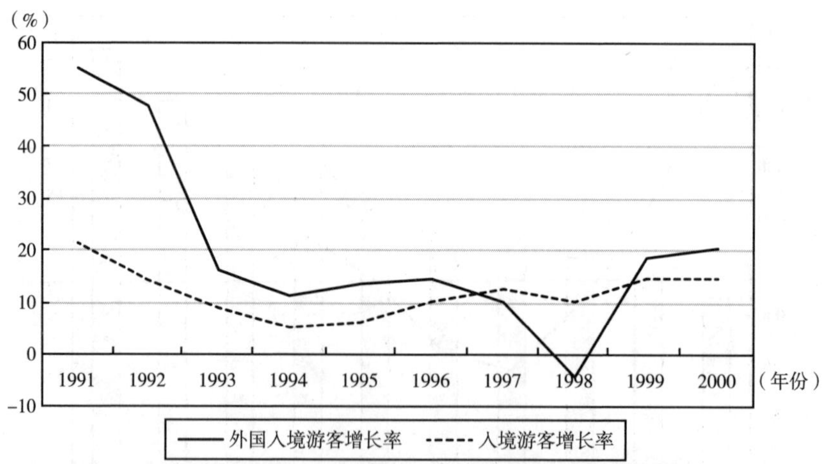

图 2－6　1991～2000 年我国接待外国入境游客和入境游客增长率

资料来源：国家统计局官网。

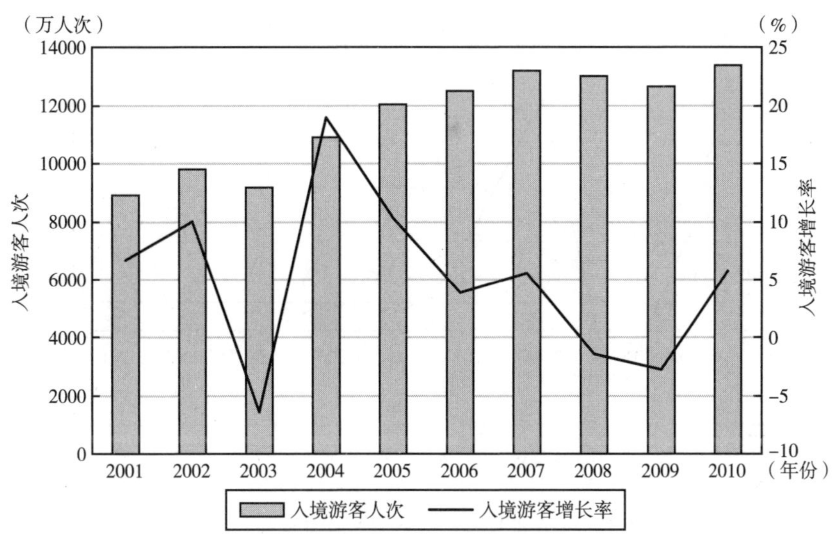

图 2-7　2001~2010 年我国接待入境游客数量与增长情况

资料来源：国家统计局官网。

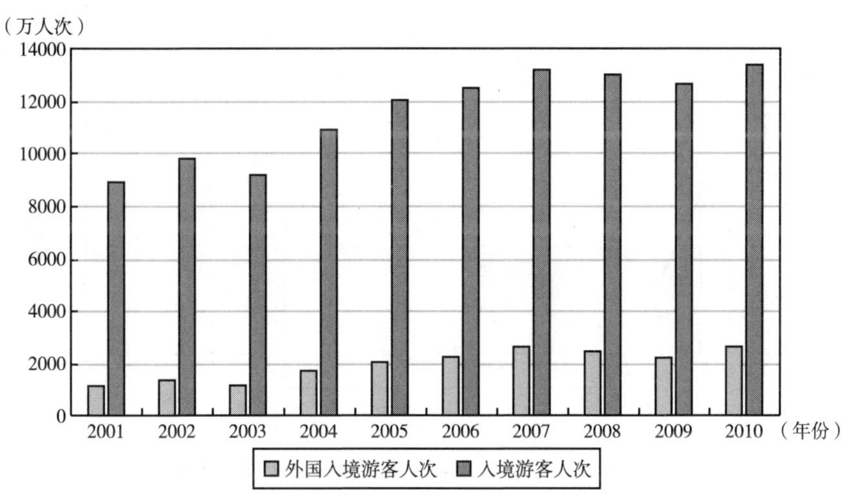

图 2-8　2001~2010 年我国接待外国入境游客和入境游客数量

资料来源：国家统计局官网。

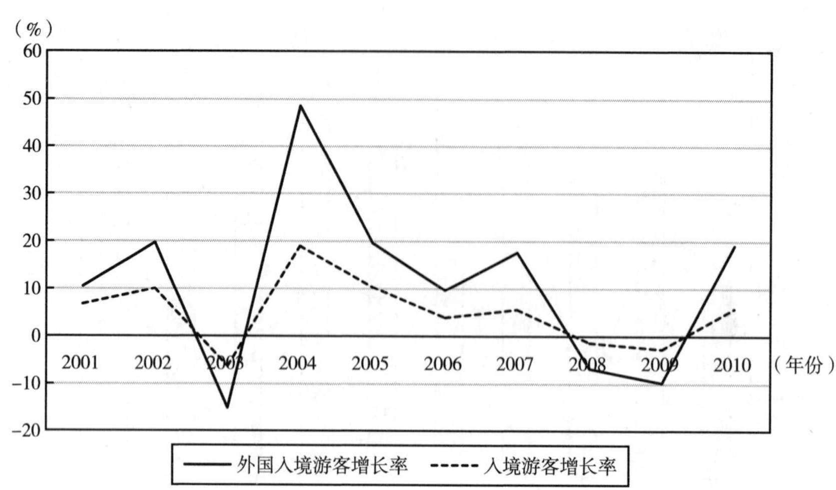

图 2－9　2001～2010 年我国接待外国入境游客和入境游客增长率

资料来源：国家统计局官网。

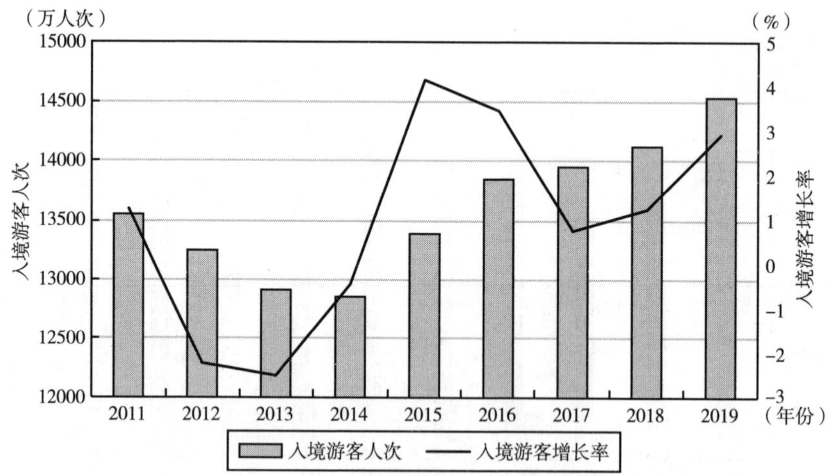

图 2－10　2011～2019 年我国接待入境游客数量与增长情况

资料来源：国家统计局官网。

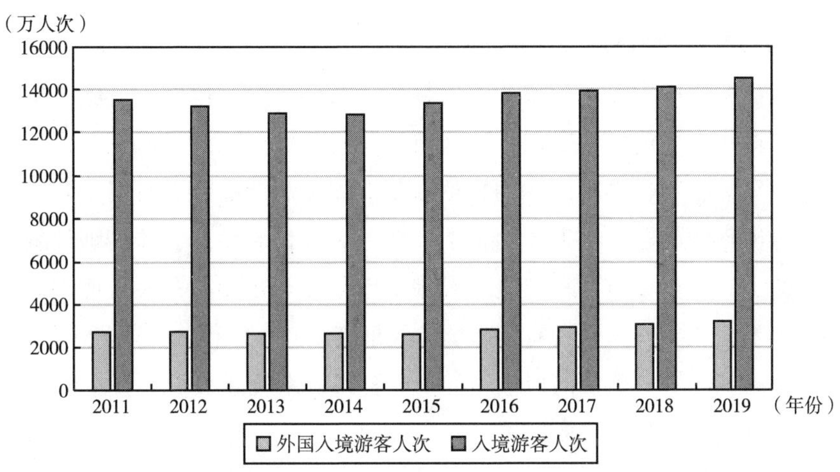

图 2－11　2011～2019 年我国接待外国入境游客和入境游客数量

资料来源：国家统计局官网。

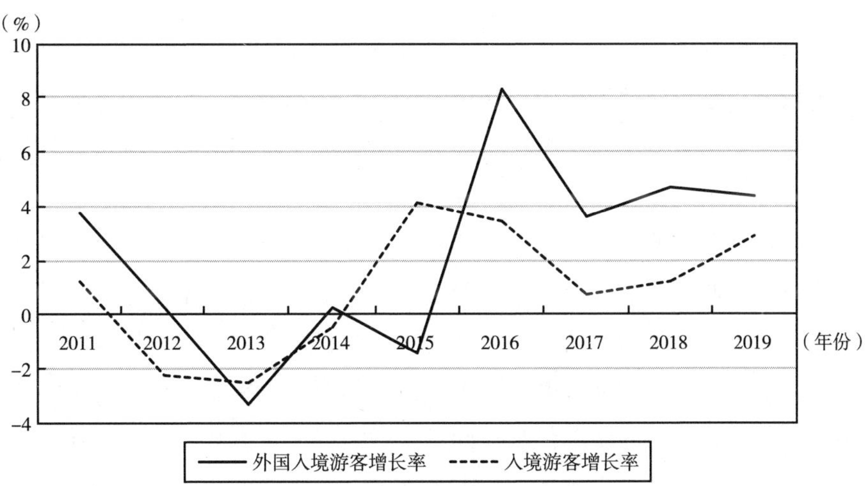

图 2－12　2011～2019 年我国接待外国入境游客和入境游客增长率

资料来源：国家统计局官网。

二、提振入境旅游的行动

（一）提振入境旅游是系统工程

入境旅游是中国改革开放的重要领域。长期以来，提振入境旅游备受业界关注。由于入境旅游涉及面广，又有自身特殊性，往往投入资源不少，下了不小的工夫，却仍然难以达到预期效果。如在新产品开发打造上，面临有想法、难实现的问题；在人才储备上，缺乏更有针对性的人才培训计划；在要素配置上，许多城市存在交通站点旅游巴士停车难问题；在入境旅游产品促销上，当前主要推广平台对接市场的效果难以满足旅行社需求等。

解决这些问题，需要高层推动，多方合力，系统解决。如日本的《旅游立国行动计划》，动员了内阁官房和经济产业省、国土交通省、外务省、财务省、文部科学省、厚生劳动省、农林水产省、环境省、经济企划厅、国家公安委员会等多个重要部门保障入境旅游发展。多部门合力参与，有利于集中解决入境旅游发展中的复杂和突出问题，如旅游便利化推进、航空交通优化、商业环境改进等。

针对入境旅游发展的痛点和难点，既要有重点抓手，也要有系统谋划，在国家层面力求形成政策协同。聚焦入境产品线路老化、用老产品应付新市场、旅游产品丰富度不高、组合有限等突出问题，迫切需要鼓励各地开发适应外国游客需求的旅游线路、目的地、旅游演艺及特色商品。在市场导向下，通过供给侧结构性改革，完善要素配给，瞄准重点目标市场，提供满足期望的多元化入境旅游产品。聚焦推广促销问题，重视产品的渠道选择，提出要在相关平台上宣介不同产品。这实际上是期望相关市场主体根据自身产品面向目标人群选择适当的推广渠道，实现精准和精细促销。聚焦入境游客语言不便、支付存在障碍的旅游便利化问题，提出提升景区景点、餐饮住宿、购物娱乐、机场、车站等场所多语种服务水平。鼓励银行业金融机构依法依规在文化和旅游消费集中区域设立分支机构。完善入境游客移动支付解决方案，提高游客消费便利性。期望鼓励探索整合多方面资源的可能性，通过外部环境的定向优化，为入境旅游竞争力提升赋能。聚焦未来的重要节事，特别是将在类似冬奥会这样的大型赛事、节事。探索在重大节事活动带动下，培育扩展有潜力的入境旅游市场，寻求与现有资源对接的可能性，提升入境旅游参与方的竞争力。

对入境旅游的促进不仅应该体现在直接相关的政策内容上，还需要在整体产业和市场环境的优化改善上做文章。文化和旅游深度融合，制度环境、公共服务和商业设施整体进步和完善，已经为入境旅游发展带来实质性利好。例如，把文化消费嵌入各类消费场所；改造提升演出场所和博物馆配套服务设施，提升消费场所宽带移动通信网络覆盖水平。鼓励建设集合文创商店、特色书店、小剧场等多种业态的消费集聚地。鼓励打造中小型、主题性、特色类文化旅游演艺产品，推动星级旅游民宿品牌化发展；积极发展休闲农业，推出一批乡村旅游重点村。大力发展夜间文旅经济，建设一批国家级夜间文旅消费集聚区。支持邮轮游艇旅游、非物质文化遗产主题游等业态发展。这些政策内容不仅为入境游客提供了更多选择性，也为入境旅游产品优化打开了重要的创新空间。通过进一步严格市场监管执法。加大文化和旅游市场监管力度，严厉打击违法违规经营行为，加强文化和旅游市场的安全管理，强化对文化娱乐和旅游设施的质量安全监管。这有助于进一步为入境旅游相关产业发展提供公平的竞争环境，推动良性有益的竞争，也有助于提高入境游客对中国目的地的整体满意度。

（二）疫情背景下的入境旅游应对

全球防控新冠疫情已经成为入境旅游必须面对的重大挑战。一方面要采取有力措施促进消费扩容提质，对冲境外疫情蔓延带来的负面冲击；另一方面要从环境优化完善、产品提质升级和市场推广强化等方面切入，为疫情过后提振入境旅游做好准备。

在环境优化方面，需要构建和优化开放性的国际旅游安全合作平台，探索建立更可靠的旅游安全预警机制，形成具有国际先进水平并得到普遍公认的旅游安全标准、规范，为卫生健康和救生设备设施的配置、保养、维护和运营提供依据。具体来说，应做好以下几个方面的工作：将入境旅游的环境需求融入国家质量基础设施协同服务及应用中，推动包括旅游安全、入境游客卫生健康保障在内的服务标准制修订与试点示范；推进语言便利化，提升景区景点、餐饮住宿、购物娱乐、机场车站等场所多语种服务水平；推进出入境便利化，在充分考虑国家安全和人员往来需要的前提下，积极研究出台便利外籍人员入出境、停居留的政策措施；推进支付便利化，鼓励境内支付服务机构在依法合规前提下与境外发卡机构合作，为境外游客提供移动支付业务；推进更多免退税举措落地，鼓励境外游客集中区域内的商店申请成为离境退税商店，优化购物离境退税服务。

在产品提质升级方面，要以国际化视野和当代眼光审视入境旅游目的地和相关产品，通过文旅深度融合提升入境旅游产品吸引力，开发创新入境旅游产品；既有国际范，也有乡土情；既要传承好，更要有创新；既短时能见效，又长期可持续。在文化产业和旅游产业融合发展示范区创建中，要有意识地与“一带一路”倡议和“长江经济带”“成渝经济圈”等国家战略对接，重点开发一系列聚焦入境游客需求的旅游产品和服务，并将其与面向国内游客的产品和服务供给结合起来，在以规模化、个性化和精细化为方向的供给侧改革上做足文章。在保护传承非物质文化遗产，培育博物馆游、科技旅游、民俗游、旅游演艺等文化体验游，打造涵盖艺术街区、特色书店、剧场群、文化娱乐场所群，集合多种业态的消费集聚区，在开发具有地域和民族特色创意旅游商品的过程中，要根据细分入境市场特征有针对性地打磨提升。在满足国内游客需求的同时，也要为入境游客提供便利。培育建设一批基础条件好、消费潜力大、国际化水平高的国际消费中心城市、国家文化和旅游消费示范城市。

在市场推广强化方面，编制前瞻性入境旅游营销战略规划，强调持续推广塑造“美丽中国”形象，就是要强化入境目的地推广的全局性、长远性和可操作性，树立和打响一批入境旅游知名品牌目的地，认定和培育一批文化特色浓、信誉高、有市场竞争力的中华老字号品牌，推动增品种、提品质、创品牌的“三品”战略成为“美丽中国”形象的坚实支撑。可以考虑围绕“健康丝绸之路”品牌，重点开发对应的入境目的地和旅游产品。更好发挥各地区旅游推广联盟、行业协会和新媒体作用，鼓励地方和相关市场主体成立专业化的文化旅游形象营销机构，探索建立政府搭台、企业主导、线上线下融合、游客参与互动的全方位推广宣传模式。充分利用境外旅行社渠道，创新商业合作模式，就是要促进境外旅行社宣介中国旅游品牌、销售中国旅游产品，在全面提高中国旅游知名度和影响力的同时，力争在部分细分市场形成相对较强的品牌优势。当前，各级旅游部门要根据我国和世界疫情防控形势谋划疫中、疫后等不同阶段的推广重点，研究制定宣传推广策略和计划，为疫情过后国际旅游市场恢复争取主动。

（三）入境旅游目的地建设

1. 粤港澳大湾区

中共中央、国务院印发的《粤港澳大湾区发展规划纲要》提出，携手扩大对外开放，打造“一带一路”建设重要支撑区。支持粤港澳加强合作，共同参与“一带一路”建设，深化与相关国家和地区基础设施互联互通、经贸合作及人文交流。

开放是粤港澳大湾区旅游业发展的根本动力。粤港澳大湾区旅游业发展本身就得益于其较高程度的开放水平。我国的香港和澳门作为自由开放经济体，是国际金融、航运、贸易中心和国际航空枢纽，拥有高度国际化、法治化的营商环境以及遍布全球的商业网络。澳门作为世界旅游休闲中心和中国与葡萄牙语国家商贸合作服务平台的作用正在不断强化，多元文化交流的功能正在日益彰显；广东作为改革开放的排头兵，特别是大湾区九市是内地外向度最高的经济区域和对外开放的重要窗口，各具独特开放的优势，在全国加快构建开放型经济新体制中具有重要地位和作用。粤港澳大湾区不仅内部相互依托、合作紧密，且对外整体优势日益凸显。较高水平的开放既加强了旅游的吸引力又减少了到访大湾区的阻力，同时，为更高水平、更优质量的旅游供给提供了良好前提。目前，港澳和内地互为最重要的客源地和目的地，双向交流活跃，相互市场占有份额均在70%以上。广东省接待港澳游客占全国的比例在60%左右，接待入境过夜游客占全国的比例超过50%，是对外旅游交流的主要门户之一。整体上看，粤港澳大湾区旅游业市场开放度高，外向性趋势明显。2018年，大湾区合计接待入境游客超过1.2亿人次，接待入境外国人超过2400万人次，外国人占入境游客的比例在20%左右。

粤港澳大湾区未来进一步开放和目的地建设主要体现在战略定位、发展目标和重要举措上。

在战略定位上，粤港澳大湾区的战略定位是“充满活力的世界级城市群”“具有全球影响力的国际科技创新中心”“‘一带一路’建设的重要支撑”“内地与港澳深度合作示范区”“宜居宜业宜游的优质生活圈”。这五大战略定位以“世界”“全球”“优质”的眼光审视、对标，从旅游目的地建设、涉旅产业优化升级和供给侧结构性改革的角度为大湾区旅游业对外开放提出了更高要求；从“一带一路”“合作”“建圈”的视角出发，围绕对内对外双向开放，聚焦国家战略、内地港澳合作和宜居宜业宜游，展现出大湾区旅游业全维度、高强度的开放决心。

开放不仅是战略和重要举措，同样也是发展目标。无论是近中期还是远期发展目标，建设国际一流湾区和世界级城市群都是主要内容，开放的广度、深度是不可或缺的重要指标。互联互通的应用水平、资源要素流动的便捷程度、区域内部的开放协调程度、对周边地区的引领带动能力以及中华文化的影响力等都与内外双向开放的成效密切相关。

在重要举措上，如何在一个国家、两种制度、三个关税区、三种货币的条件下以开放为动力推动大湾区旅游发展，建设世界级旅游目的地是迫切需要解决的现实问题。在这个过程中，既要学习借鉴，更要自主创新，大胆试、大胆闯。按照《粤港澳大湾区发展规划纲要》提出的构建现代服务业体系、大力发展海洋经济、建设宜居宜业宜游的优质生活圈、推进珠海横琴粤港澳深度合作示范和建设粤港澳深度合作示范区等举措皆为粤港澳大湾区的未来开放实践提出了方向。特别是一些旅游便利化举措，有望从整体上提振中国入境旅游市场，为入境旅游环境的全面改善创造条件。如优化珠三角地区“144 小时过境免签”政策，便利外国人在大湾区旅游观光；有序推动香港、广州、深圳国际邮轮港建设，进一步增加国际班轮航线，探索研究简化邮轮、游艇及旅客出入境手续；逐步简化及放宽内地邮轮旅客的证件安排，研究探索内地邮轮旅客以过境方式赴香港参与全部邮轮航程，推动粤港澳游艇自由行有效实施；探索在合适区域建设国际游艇旅游自由港，支持澳门与邻近城市探索发展国际游艇旅游，合作开发跨境旅游产品，发展面向国际的邮轮市场等。

在产品规划方面，探索以旅游等服务业为主体功能的无居民海岛整岛开发方式；建设贯通潮州到湛江并连接港澳的滨海景观公路，推动形成连通港澳的滨海旅游发展轴线以及探索开通澳门与邻近城市、岛屿的旅游路线等。

打造“一带一路”建设重要支撑区是《粤港澳大湾区发展规划纲要》对粤港澳大湾区的战略定位，本质上也体现中央对其在国家整体开放中发挥更大作用的要求。旅游需要提升人员货物往来便利化水平，包括不断提高港澳居民来往内地通行证使用便利化水平，更加便利的签注安排，外国人在粤港澳大湾区内的便利通行政策和管理措施优化，更便利的通关模式以及完善粤港、粤澳两地牌机动车管理政策等。随着这些措施在大湾区的落地实施，必将给“一带一路”旅游便利化提供更多创新思路和实践经验。

2. 海南目的地建设

2018 年，国务院批复同意设立中国（海南）自由贸易试验区（以下简称海南自贸试验区）并印发《中国（海南）自由贸易试验区总体方案》（以下简称《方案》）。得益于国际旅游岛和全域旅游省建设的良好机遇，海南再一次站在了新的历史起点上，承担起为我国旅游业积累开放发展经验、探索文旅融合路径的新使命。

《方案》对海南的定位是“全面深化改革开发试验区”“国家生态文明试验区”“国际旅游消费中心”“国家重大战略服务保障区”。这四大定位在全面贯彻《中共中央国务院关于支持海南全面深化改革开放的指导意见》的同时，与旅游开放发展有直接和密切联系，为推动海南自由贸易区建设提供了方向指导，也为海南旅游业开放发展提供了更高的成长空间。

海南目的地建设的基调是开放，全岛开放，全方位开放。《方案》大幅放宽了外资市场准入，旅游、文化及其相关的航空、航运等行业是加大开放力度的重点领域。对外资全面实行准入前国民待遇加负面清单管理制度，当然也包括各类文旅企业和投资机构。允许设立外商投资文艺表演团体（中方控股），取消国际海上运输公司、国际船舶代理公司外资股比限制，允许取得我国一级注册建筑师或一级注册结构工程师资格的境外专业人士作为合伙人，按相应资质标准要求设立建筑工程设计事务所；《方案》为国际旅游消费中心建设提供了更多政策支持。探索建立跨境服务贸易负面清单管理制度。支持在海关特殊监管区域设立国际文化艺术品交易场所，依法合规开展面向全球的保税文化艺术品展示、拍卖、交易业务。支持跨境电商企业建设覆盖重点国别、重点市场的海外仓。支持开展跨境电商零售进口网购保税。

海南目的地建设需要推出更多的旅游便利化政策。海南的旅游便利化已经走在全国前列，实施了 59 国人员入境旅游免签政策。《方案》进一步提出研究支持三亚等邮轮港口参与中资方便旗邮轮公海游试点，将海南纳入国际旅游“一程多站”航线。积极支持实施外国旅游团乘坐邮轮 15 天入境免签政策。《方案》为国际旅游人才的引进提供了更多便利。为在自贸试验区工作和创业的外国人才提供出入境、居留和永久居留便利。探索建立与国际接轨的全球人才招聘制度和吸引外国高技术人才的管理制度。开辟外国人才绿色通道，深入实施外国人来华工作许可制度。

与此同时，支持以文旅融合为核心的产业融合，关注供给侧，在推动现代服务业集聚发展、提升国际航运能力和提升高端旅游服务能力等部分均有涉及。如支持举办国际商品博览会、国际电影节、中国（海南）国际海洋产业博览会等大型国际展览会、节庆活动以及文化旅游、国际品牌等适合海南产业特点的展会。优化国际会议、赛事、展览监管，进一步简化展品检疫审批管理。支持引进国际化的规划、建筑工程、建筑设计、仲裁、会计、知识产权、医疗健康、影视、会展等专业服务机构，推进服务要素集聚。依托博鳌乐城国际医疗旅游先行区，大力发展国际医疗旅游和高端医疗服务。

值得注意的是，海南目的地建设还有着鲜明的“全域性”。这与正在进行的全域旅游示范区创建实现互补共振。包括海南在内，已有 7 个省级全域旅游示范区创建单位，旅游与文化、农业、互联网信息业、金融业、医疗健康产业、文化体育业以及商务会展等行业的融合已初见成效。与之相伴的购物旅游、海洋旅游、产业旅游、康养旅游、会展旅游等特色旅游产品也形成一定体系，特别是免税购物亮点突出。在此基础上，应坚持宜融则融、能融尽融的原则，以文塑旅、以旅彰文，以文化和旅游的真融合、深融合推动形成旅游发展新优势，为自由港贸易注入新的动力。

海南在我国旅游业开放发展和文旅融合过程中居于排头兵地位。不仅有国际旅游岛、全域旅游省的政策支持，有“其他自由贸易试验区施行的政策，凡符合海南发展定位的，海南省均可按程序报批后在自贸试验区进行试点”的优势，还在“大胆试、大胆闯、自主改”的指引下，为海南旅游业试点创新提供了更多可能。如“各有关部门要根据海南建设自贸试验区需要，及时向海南省下放相关管理权限，给予充分的改革自主权”“海南省人民政府报国务院批准土地征收事项由国务院授权海南省人民政府批准”。

必须认识到，由于海南在现有 12 个自由贸易试验区中体量最大，有旅游发达区域，也有欠发达区域，其旅游业发展腹地和市场都较为广阔，对政策的系统性要求也较高，未来也一定会面临复杂的内外部环境，需要针对性的应对措施。

（四）入境细分市场开发

1. 红色旅游市场开发

（1）开发红色旅游入境市场的现实意义。

①入境旅游市场需要新产品的支撑。

入境旅游市场低迷的原因比较复杂，全球性经济增长乏力、世界范围内目的地的竞争加剧、签证费用相对价格偏高等都是影响入境旅游市场的重要因素，但不可否认的是，入境旅游产品的陈旧在很大程度上遏制了游客的出游愿望。入境旅游产品数十年一贯制，至今依然是“京西桂沪黄金线”挑大梁，缺乏创新和有力的产品维护。在开发理念上也有着明显的误区，对于自身的优势资源和有开发潜力的优势产品认识不足，特别是对依托红色旅游产品开发入境市场的认识不足。我国横跨百年、波澜壮阔的革命活动形成的丰富的红色旅游资源，已经在国内市场开发中显现出强大的生命力，获得了游客的肯定和喜爱。近年来，红色旅游继续保持平稳发展，红色旅游人次、收入均稳步增长。与此差别明显的是，红色旅游在针对国际市场的旅游产品开发中过于低调，常常有意无意地与国际市场分割，难以为入境旅游产品开发所用，往往处于隐身状态。而入境旅游市场的开发恰恰需要红色旅游产品在内的新产品的强力支撑。充分利用现有项目的资源集聚效应，通过对红色旅游资源和红色旅游产品的再认识和深度改造，形成适应入境市场需求的新型旅游产品，有利于改善入境市场的客源结构，为入境旅游市场增添新的动力。

②红色旅游需要走出去。

反观国际类似产品谱系，往往重视红色旅游产品的深度开发和境外推广。美国、俄罗斯、德国、法国等国家以自身坚持秉承的核心价值观为基础，突出体现建国理念、民族精神和历史典故，采用市场手段加以开发推广。其间的佼佼者有美国的林肯纪念堂、自由钟、亚利桑那号、珍珠港纪念馆；俄罗斯的圣彼得堡、“阿芙乐尔”巡洋舰、列宁墓、无名烈士墓；德国的柏林墙、柏林纪念碑林；比利时的滑铁卢战场遗址；法国的巴黎公社墙、诺曼底登陆遗址；南非的罗本岛等。这些红色旅游目的地和产品不仅获得了境外人士的认可和喜爱，还将本国的价值理念推广传播，形成了独有的“软”实力和“巧”实力。先进国家的成功经验启示我们，红色旅游资源既是爱国主义、民族主义高度凝聚的物质载体，又是世界各国人民展现人性光辉的重要方面，具有为更广泛人群接受的可能性。通过境外市场开发，引导红色旅游产品和红色旅游产业走出去，促使红色旅游产品与境外类似产品的战略合作，不仅可以有力地改善当前红色旅游产品“内重外轻”的现状，还有利于以这种更为柔性、更为有效的方式向境外受众推广中国文明，深入阐释“中国梦”，培育具有鲜明中国特色的“软”实力和“巧”实力。

③动力模式和产品开发模式需要创新。

红色旅游的主要市场长期局限在国内，已经形成了较为明显的路径依赖。资源评定、产品开发和市场推广缺乏新的视角，发展因循守旧，活力或有不足。发展动力上倾向于等、靠、要，缺乏市场化发展的压力，在没有重大纪念活动或大规模学习活动时往往无所适从。产品开发上缺乏想象力和创造性，参与不足，表现方式单一，相当多的红色旅游产品特色不突出。这些都是红色旅游发展的突出问题，关系到红色旅游的可持续性。相比国内游客，入境游客更为成熟，也更为挑剔。通过开发红色旅游入境市场，可以树立更高标杆，以加压的方式促使红色旅游主动优化动力模式和产品开发模式，为在世界范围内参与高强度竞争做好准备。

（2）开发红色旅游入境市场的现实基础。

①红色旅游资源的丰富多样性。

按照《2011—2015 年全国红色旅游发展规划纲要》的界定，红色旅游资源是指以革命战争时期内容为重点，自 1840 年以来中国大地上发生的重大事件和重要人物的历史文化遗存。按照该定义，我国红色旅游资源的涵盖面极广，除了直接相关的，包括遗址遗迹、建筑与设施、旅游商品和人文活动等历史文化遗存，与之相关的地域景观、水域风光、生物景观、天象与气候景观等自然旅游资源往往也囊括在内，为入境市场的旅游产品开发提供了优越的条件，易于形成包含生态旅游产品、专项旅游产品、旅游演艺产品在内的丰富旅游产品谱系。特别是我国在抗日战争中形成的红色旅游资源，包括重大事件（如中国远征军）和历史人物至今拥有相当的国际影响力，能够成为开发入境旅游市场的重大支撑点。

②与市场的需求吻合。

红色旅游的核心吸引物是历史文化，恰恰与入境市场的最大需求相契合。

入境市场对历史文化的关注，形成了红色旅游产品走出去的现实基础。

③红色旅游产品体系和支撑体系相对成熟。

经过多年的开发，红色旅游产品已经初成体系。已经建成以 12 个重点红色旅游区、30 条红色旅游精品线和 100 个红色旅游经典景区为骨架的红色旅游产品体系。红色旅游重点城市遵义，娄山关生态文化旅游区、苟坝红色文化旅游产业创新区等系列红色旅游景区进行了升级改造。在韶山、井冈山、嘉兴南湖、孟良崮旅游区等先后发展提升为国家 5A 级景区的影响和带动下，各地红色旅游发展争创 A 级景区积极性明显增强。常熟沙家浜风景区、淮安周恩来纪念景区、信阳等一大批红色旅游景区积极创建国家 5A 级景区。各地在整体规划、陈展布局、基础设施和人力资源供给等方面做了工作，基础设施和服务质量得到加强，这些都为开发入境市场提供了条件。

（3）开发红色旅游入境市场的障碍点。

①缺乏开发红色旅游入境市场的顶层设计。

开发红色旅游入境市场，需要统筹红色旅游的国内市场和入境市场，需要统筹相应的资源配比。既需要充分整合相关旅游资源、旅游产品、旅游形象和旅游组织体系，又要整合广义的社会环境、国家形象、客源流动多元化组织方式等多方面要素。特别需要明确的是开发红色旅游入境市场，并不仅仅涉及红色旅游本身，而是有关形成鲜明国家形象大计，有关我国旅游业发展全局。遗憾的是，当前依然缺乏综合性的政策设计和系统性的顶层设计。在各个目的地国家之间的竞争日益加剧的今天，仅仅依靠红色旅游本色的工作，只是常规方面着手，而缺乏综合性的政策设计和系统性的战略谋划，难以有效开发红色旅游入境市场。

②缺乏面向细分市场的关键产品支撑。

当前红色旅游产品已经形成以 30 条精品线和 100 个经典景区为代表的产品体系，但是常规观光型产品依然占绝大多数，同质化现象严重，入境市场表现得更为明显，缺乏影响力大和辐射力强的旅游产品。不同的细分市场需要不同的旅游产品支撑，红色旅游产品依托历史文化和精神信仰开发，更需要精准的市场分析。不同客源地的需求和行为模式不一。如港澳台入境市场、海外华侨入境市场和欧美国家对于以抗日战争为主体的红色旅游产品就更为渴求，亚非国家入境市场对于以“农村包围城市，武装夺取政权”的新民主主义革命和国内革命战争为主体的红色旅游产品更感兴趣。不仅如此，红色旅游的银发市场、青少年市场、修学市场、奖励旅游市场、商务和会议市场的需求天差地别，需要设计开发出相应产品满足。当前红色旅游产品缺乏开发入境市场的战略前瞻，在历史共鸣、风俗习惯、理念信仰与人文情怀等方面没有更多地考虑入境市场的特殊需求，而面向入境市场的专题红色旅游产品更少。

③缺乏符合入境游客习惯的旅游目的地建设。

红色旅游目的地一般位于“老少边穷”地区，基础设施建设薄弱。尽管近几年国内红色旅游的大发展极大地改善了这些地区的基础设施状况，但是相对入境市场的较高需求，依然有很大不足。按照国际标准，直接为红色旅游产品配套的旅游公路、步行道、环境整治、停车场、供电线路、给排水管线、污水处理设施、垃圾处理设施、旅游厕所、消防设施及展陈场馆等内容有很大的优化空间。休闲的环境、特色饮食、沟通交流等内容也至关重要。在红色旅游产品主导的区域，还缺乏入境游客和当地居民共享的现代化生活环境和文化氛围，旅游目的地建设任重道远。

④缺乏专业化的系统推广体系。

由于总体上对红色旅游入境市场的忽视，红色旅游入境市场推介至今处于零散自发状态，没有形成系统的红色旅游产品推广体系。在组织机构上，没有形成负责国际市场推介的明确分工；在资金保障上，入境市场促销的预算几近于无；在推广方式上，不仅移动互联网和新媒体的运用不足，而且旅游交易会、专题推广活动和投放传统媒体广告等旧式市场宣传推广模式也没有得到足够重视。

（4）政策建议。

①形成开发红色旅游入境市场的战略构架。

清晰深刻地认识红色旅游开发入境市场的重要作用，将其提到战略性高度上。需抓住时机及时筹划并具体开展一系列指导工作，对境外红色旅游客源市场开展专题研究。构建出与红色旅游产品相关联的世界旅游市场和主要客源地的产出模型，形成客源流向与流量、消费模式、满意度及其变化趋势等事关入境旅游战略决策的成果储备和应用能力。在此基础上，推进包括组织机构调整在内的各项改革措施，构建政府支持、专业化运作和第三方评估的国家旅游宣传促销机构，明确国家、地方和企业层面分别要做的任务分工和工作方式，形成开发红色旅游入境市场的战略框架。

②培育开发适应细分市场需求的关键性红色旅游产品。

在核心吸引物营造上，需要开发像以色列“亚德瓦谢姆”纪念馆、德国奥斯威辛集中营、美国珍珠港纪念馆、俄罗斯卫国战争纪念馆等具有国际影响力，辐射力强的支撑性红色旅游产品。红色主题产品开发、精品线路设计和跨国线路设计并重，将红色旅游产品与本区域的相对成熟的国际旅游产品相结合，形成以红色历史文化为特色的国际旅游产品体系。在深挖红色旅游历史文化资源的同时，要发挥其易于与其他资源、其他产品融合开发的优势。充分借鉴当前已经比较成熟的“红＋绿/少/土”“红＋产业”“故里＋历程”“原址＋社区”以及红色主题园等发展模式，结合入境细分市场的现实需求，合理配置旅游要素。尝试引入移动互联网、新媒体等高科技手段，发挥集合优势，在现实/虚拟、现场/剧场、当地/世界、展现/解说等多个维度上同时开发，争取培育开发出适应目标市场需求的关键性红色旅游产品。

③建设面向国际市场的红色旅游目的地。

红色旅游产品开发要以游客满意为导向，着力培育入境游客和当地居民共存共享的“旅游—生活”环境。在以红色旅游精品线路为骨架的空间布局中，开展以增进便利化为核心，以旅游信息咨询服务体系、旅游安全保障服务体系、旅游交通便捷服务体系、旅游便民惠民服务体系和旅游行政服务体系为主要内容的旅游公共服务体系建设。充分考虑国际因素，构建红色旅游标准化体系，从而全面提升红色旅游产业素质和核心竞争优势，推动目的地服务功能、质量、品牌提升，建设涵括与红色历史文化和当代、当地社会生活内容密切结合的旅游全产业链，切实把国际游客的真实需求有效地传递到国内红色目的地建设和管理中去。

④创新推广模式，构建与红色旅游相适应的出境市场推广体系。

在入境推广理念上，既寻求红色旅游历史文化与人类普遍接受推崇的精神的公约数，又寻求与红色旅游历史文化能够产生共鸣的细分市场的需求，找准痛点，从而保障在红色旅游形象塑造上，有着明确而又现实的指向。建设红色旅游营销基金支撑的，以目的地营销系统和红色旅游公共信息数据库为主要内容的红色旅游综合营销平台。多方面扩展红色营销渠道，调动境内外旅行社营销积极性，充分利用境外旅行社营销资源。利用中联部、外交部与文化和旅游部驻外办事处的网络优势，在境外分发和展示红色旅游的营销材料。充分利用新技术条件下的传播工具，以红色旅游为主题，开展新媒体促销。

2. 东南亚市场开发策略

（1）东南亚入境旅游市场具有战略意义。

在我国近程入境旅游市场版图中，近程市场最为重要，东北亚和东南亚是其中的关键支柱。从广义东北亚①入境市场的角度看，东南亚入境市场与其基本势均力敌，并有可能已经占据优势地位②。2016 年东盟访华旅游人数开始超过 1000 万人次，占入境外国人总数的 1/3 强，大大高于日本、韩国和朝鲜的总和③。

数据上看，近年来东南亚入境市场增长迅速，其成长结果具有战略意义。在访华入境市场前列中，东盟国家占据 7 席，分别为越南、缅甸、马来西亚、菲律宾、新加坡、泰国和印度尼西亚。其市场份额占据前 15 个国家总体的四成④。从发展速度看，东盟访华市场也表现出明显优势，如 2016 年平均增速 38%，远远高于前 15 个国家平均增速的 15%。

（2）开发东南亚入境市场的认识基础。

东南亚入境旅游市场已经三分天下有其一，但是当前对东南亚入境市场依然缺乏足够的重视，认识不够充分，资源投入不足。与东北亚入境市场相比，东南亚入境旅游市场既有相同点，也有不同点，这些应该成为我国开拓东南亚入境市场的认识基础。

相同点有以下四点：

第一，当前两区域市场份额大致相当，均为我国近程市场，也同为我国当前最重要的外国人入境市场。东南亚和东北亚既是我国重要的目的地，也是重要的客源地。

第二，两区域内部的入境市场份额存在明显的不均衡。从东南亚各国的

---

① 广义的东北亚包含日本、韩国、朝鲜、蒙古、俄罗斯的远东联邦管区。

② 2016 年东北亚入境市场合计 1087.74 万人次，由于未能将俄罗斯远东联邦管区的入境人数单列，此处依然沿用俄罗斯全国数据。考虑到俄罗斯欧洲部分入境市场占据一定比重，数字有可能高估。

③ 此三国为狭义的东北亚地区。

④ 考虑到缅甸相关统计口径发生了变化，增速畸高，此处进行了适当调整。

入境旅游人数结构来看，越南、马来西亚、新加坡、马来西亚、菲律宾、缅甸等国较为领先，而老挝、柬埔寨、文莱等国所占比例甚小；在东北亚韩国、日本、蒙古三国中，韩国一直位列入境旅游人次第一，超过三国总体的50%。

第三，在市场秩序、文明旅游、旅游安全等方面均有典型性，同时面临着零负团费、游客生命财产安全保护、文明旅游等压力。

第四，在旅游交流过程中，边境旅游扮演着重要角色，如东北亚的俄罗斯、蒙古等国，东南亚的缅甸、越南等国。在旅游国际合作中，中国与东南亚和东北亚国家存在多种类型的机制安排，不仅有双边的交流渠道，还均存在与我旅游领域交流合作的多边机制。如东南亚“10+1”旅游部长会议、中蒙俄三国的旅游部长会议等。信息沟通渠道顺畅多元，旅游合作频繁密切。

不同点主要有以下三点：

第一，市场重视程度不同。日本、韩国为我多年重视开拓的市场，投入资源较多。旅游企业通晓日语、韩语和俄语的人才较多，而通晓越语、柬语、泰语、老挝语等小语种的人才较少。

第二，在客源结构上，当前东南亚地区入境位居前列的越南、缅甸等国，其统计意义上的主要入境人群来自边民往来，目的为生产生活，典型意义上的旅游活动较少，人均消费较低。当前东北亚地区的日本、韩国、俄罗斯等国的访华主要人群并非边民，为其主要旅游客源区域，入境旅游市场较为成熟，人均消费较高。

第三，旅游市场发展处于不同的阶段。日本、韩国等市场已对我旅游产品较为熟悉，市场知晓度较高。反之，东盟地区除新加坡等少数国家外，对中国旅游产品的了解不多。日本、韩国的出境旅游发展格局已然成型，主要旅游目的地的地位相对固定。当前越南、柬埔寨、老挝等国家经济处于恢复或高速发展过程中，出境旅游市场正在快速形成，正是培养市场、养成习惯的黄金时期。

通过分析两区域相同的方面，可以强化我们对东南亚入境市场重要战略地位的认识，开发东北亚入境市场的成熟经验也可以成为有益的借鉴。不同方面的梳理，可以帮助我们深入认识到东南亚入境市场的独有特征，从而形成针对性强、易于落地的措施。

(3) 开发东南亚入境市场的建议。

①加快行动创新开发东南亚入境市场。

抓住战略机遇窗口，尝试将东南亚作为入境市场开发的突破口和试金石。首先，要落地中国—东盟旅游合作年的合作成果。这是必须重视的重大旅游外交成果，其中就蕴含有推动旅游便利化、促进市场互换以及促进商业主体合作等方面的内容，需要充分利用好。

其次，是争取尽快制定东南亚入境市场近期开发路线图，因国施策，分类开发。重点突破泰国、越南、印度尼西亚等入境市场；增长优化新加坡、马来西亚和菲律宾入境市场；培育布局柬埔寨、缅甸、老挝、文莱入境市场。在保持边境入境游客稳定增长的同时，重点开发非边境地区入境旅游市场。

最后，要加快市场互换力度。在“一带一路”倡议背景下，跟进孟中印缅经济走廊、中巴经济走廊、中国—东盟旅游合作区、中越旅游合作区等国家战略。切实提高东盟国家来华旅游的便利性，优先考虑分步骤将其部分国家纳入免签对象范围。重点推出面向东盟国家的多语种综合服务。充分利用我国出境旅游的强大影响力，针对泰国等以我国为主要客源的国家，创新商业模式，鼓励双向投资，逐步形成境内外市场联动态势，在产业和市场两个层面构建中国与东南亚国家旅游发展共同体。

②全方位优化面向东南亚入境市场的推广环境。

首先，要加强对东南亚目的地市场的国情、旅情研究。对东南亚入境市场的状况、商业存在、竞争态势以及与之相关的信息、数据、法律法规、劳资关系、社会责任以及公共关系等诸多方面都需要深度涉及。增设驻东南亚客源地专业营销机构，积极培育一线资料信息搜集、业界交流、活动协助等方面的能力，有效应对当前世界各国都在加紧争夺东盟出境市场的严峻现实。支持专业人员开展务实而又有针对性的课题研究，加强访学交流，构建共享知识网络。支持云南、广西等与东南亚联系密切的地方旅游高校以及市场机构开展东南亚入境市场开发专题研究，并开展在职人员的专题培训。充分发挥地方高校和职业院校培养旅游市场人才的基础作用。

其次，要将政策创新与开发东南亚入境市场深度对接。针对东南亚市场的旅游推广活动需要制订或完善长期规划和近期行动计划，形成政策储备库。

面向主要东南亚入境市场，在航权开放、过境免签、离境退税等方面遴选先行领域，试点更加积极的旅游便利化政策。如将东盟区域作为一个整体，在主要入境旅游试点目的地试行更加开放和便利的入境签证政策。在与东盟国家相邻的沿边地区探索跨境旅游合作区和边境旅游试验区创建与东南亚入境市场开发的结合点，在财政资金支持、跨境商品和人员流动、免税品政策、公共服务提供、游客权益保护等方面有所突破。充分利用立足中国的国际旅游组织平台，如世界旅游联盟（WTA）、世界旅游城市联合会（WTCF）、国际山地旅游联盟（IMTA）以及世界旅游市长论坛等，利用其论坛、高峰会议、展会等多种形式，与东南亚国家在市场推广、市场规范、双向投资、游客权益保护等方面深度合作，创造良好的市场开发氛围。

③针对东南亚入境市场，摸索优化“政府主导、行业主体、专业运行”的市场推广机制。

借鉴美国旅游协会、日本观光公社、法兰西之家等机构的操作模式，面向东南亚入境市场为先行先试对象探索市场化推广机制，将工作的主体从政府向市场化的专业机构过渡。尝试建立政府支持、市场化运作、国际因素突出、第三方参与评估的新一代旅游推广中心。注重并积极采纳行业意见表达，聘用专业化、国际化的宣传推广人员。宣传推广资金通过政府补贴、企业赞助、广告筹资等多种渠道市场化运作。引进大数据技术，建立以绩效导向、关键指标为基准的市场化考核机制。

④构建多元有效的市场推广策略体系。

东南亚地区语言各异，市场特点不同，所处环境千差万别。如果要在执行端持续发力，取得良好的推广效果，就需要遵循“一国一策”的原则，根据东南亚各国市场实际情况形成有针对性的旅游目的地宣传策略。

首先，是全方位立体营销。采取实地推广，节事营销，传统媒体和自媒体、新媒体结合的方式，全方位提升中国旅游影响力。不仅仅从旅游景区、景点单一要素层面展开宣传，在当地旅游公共服务信息、旅游便民服务、旅游安全保障等信息层面进行整合传递。旅游主管部门全方位整合线上线下营销渠道，以社交媒体、外文官网作为宣传推广创新的主要载体和突破口，提高目的地与游客的黏性、购买转化率，实现与入境游客的良性互动。

其次，是全过程营销。针对东南亚入境游客行程需求，旅游目的地应在旅游公共服务设施上设置旅游线路、公共交通、酒店等宣传介绍材料，发挥旅游服务中心的信息传递和游客引导作用。跟踪调查游客从目的地选择、到访直至整个行程中旅游信息的搜集渠道、对营销方式的感知以及口碑宣传的可能性与“瓶颈”等问题，为后续旅游目的地宣传推广工作的优化升级提供市场支撑和依据。

再次，是个性化营销。对于入境人数规模大、增长快、有潜力可挖的小语种国家，如越南、泰国、柬埔寨、老挝、缅甸、印度尼西亚等，尽快形成“一国一策”的宣传推广机制。补齐当前的小语种宣传品空白。加大东盟分阶层市场的请进来力度。遴选影响力大，对我文化倾慕的细分人群（包括知名媒体记者、孔子学院优秀学生、旅游业界精英等）代表访华。方案策划时，特别重视年轻人市场，有计划地开发当地华人二代、三代市场，为未来的市场做铺垫。分国别确定邀请人员基数后，每年邀请人员均有一定幅度递增。

最后，是探索驻外办事机构的专业化转型试点，探索其工作绩效的科学考核模式。将旅游推广绩效的评估以及搭建统一的推广平台作为工作重点，加强对地方旅游部门的统筹力度。开发针对马来西亚、印度尼西亚、文莱等国穆斯林游客的旅游产品，并开展个性化营销。

⑤系统支撑，增强东南亚入境市场开发的可执行性。

首先，是产品支撑。进一步调整和优化旅游产品结构。对现有的旅游产品进行重新组合、策划，开发以真实生活方式体验为主要内容的旅游产品。深入了解东南亚入境游客的目的、行为与偏好，建立与市场需求和发展阶段相适应的多样化、多层次的旅游产品体系。丰富提升观光旅游产品，大力发展度假休闲产品，积极开发专项旅游产品，推进复合型旅游产品发展。对近邻越南、缅甸等旅游市场，主推更多的边境旅游、短线旅游、探亲访友、观光及商务考察等旅游产品。建立与市场需求和发展阶段相适应的多样化、多层次的旅游产品体系。更加重视对体验式、生活型、创新性、主题式旅游产品的策划与深度开发，特别是足以吸引入境游客重复消费的休闲度假产品，向东南亚入境游客展现更加贴近真实生活的现实中国，加大对非传统旅游资源的开发力度。在市场培育并推出一批东南亚入境游客喜爱的旅游精品线路和产品品牌。通过旅游产品内容的丰富拓展、硬件设施的改进完善、软件服务的提质升级，让入境游客收获更加美好与真实的旅游体验。

其次，是人力资源支撑。做好持续开拓东南亚入境市场的人力资源储备，提高旅游管理人员的国际化水平、培养一批既了解国外的文化背景、法律制度、财务制度等国际经验惯例和当地文化，又精通旅游企业管理和市场开发的高端人才。加强泰语、马来语、越南语等小语种专业培养，为开发东南亚市场奠定人才基础。

最后，是商业模式支撑。东南亚入境市场正处于大发展的前期，市场大，复杂性突出，与之相适应的商业模式百花齐放。没有最好的商业模式，只有最适合的商业模式。这就需要我们根据市场的需求、技术的支撑等诸多因素来选择和实践。鼓励旅行社、OTA 等市场主体选择适合市场需求和自身条件的商业模式。探索构建专业市场开发孵化器或设立相应基金，为其发展提供宽松的政策。

第二节　出境旅游发展

一、出境旅游发展概况

中国出境旅游的成长离不开我国经济的发展和国民收入的提升，也与相关政策环境的优化紧密联系。1984 年，国务院正式批准赴港澳地区探亲旅游。1990 年 10 月原国家旅游局发布《关于组织我国公民赴东南亚三国旅游的暂行管理办法》，1997 年原国家旅游局与公安部共同发布《中国公民自费出国旅游管理暂行办法》。这些政策的逐渐出台和完善，为我国出境旅游提供了必要的政策支撑。多种原因的综合作用，导致我国的出境旅游规模迅速扩大。1994～2018 年这 20 余年间，中国出境游客规模从不足 500 万人次增加至 1.49 亿人次，增长 40.10 倍，年平均增长速度为 15.25%。1994～2003 年 10 年间出境游客潜力快速释放，是出境旅游影响初步形成阶段，此期间年出境游客人数突破 2000 万人次，平均增长速度为 18.42%，见图 2－13。2004～2013 年，中国年出境游客规模达到“亿人次”，是出境旅游影响广泛扩散阶段，增长速度较前期略有放缓，但依然保持较高增长，年平均增长速度为 13.02%，增长相对较为平缓，如图 2－14 所示。2014～2018 年，中国年出境游客规模在巨大规模基础上持续稳定增长，是出境旅游影响强化阶段，此阶段年增长速度继续回落，从两位数进入一位数区间，平均增长速度为6.96%，如图2－15所示。

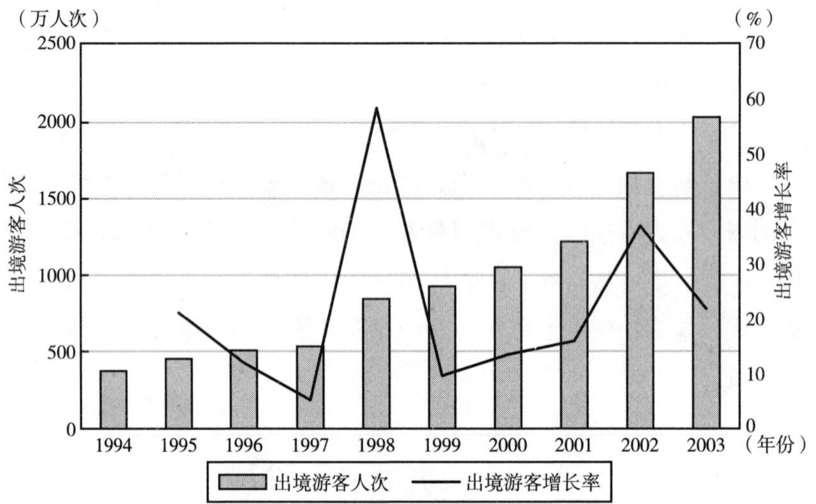

图2－13　1994～2003年我国出境游客数量与增长情况

资料来源：国家统计局官网。

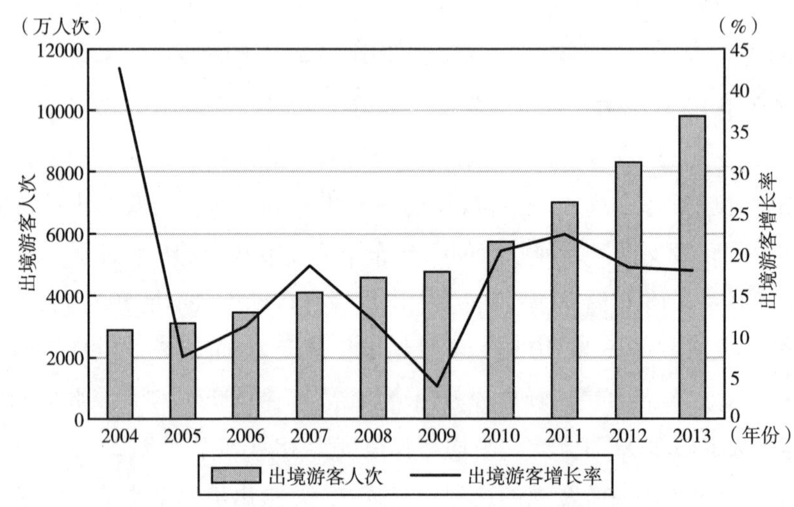

图2－14　2004～2013年我国出境游客数量与增长情况

资料来源：国家统计局官网。

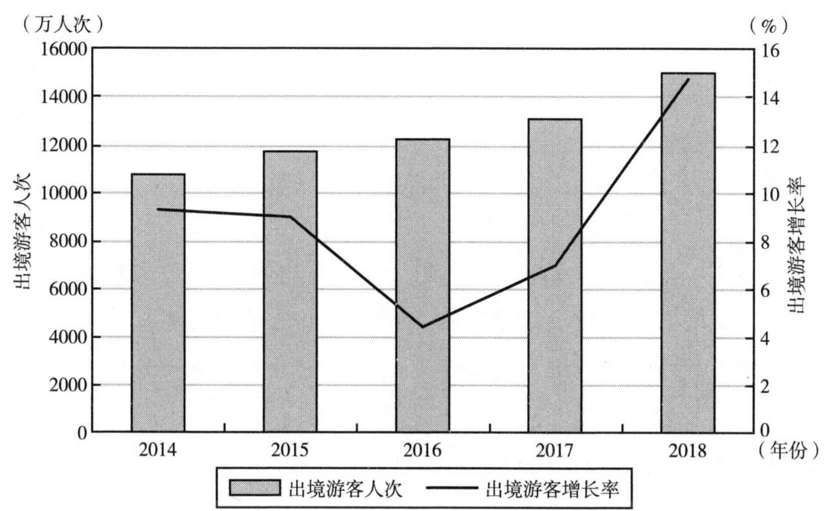

图 2-15 2014~2018 年我国出境游客数量与增长情况

资料来源：文化和旅游部官网中的文化和旅游发展统计公报。

二、大众时代的出境旅游

（一）大众时代出境旅游的特点

1. 覆盖面广

多个社会阶层参与其中，限制门槛的消解和成本的相对下降，使我国出境旅游者不仅仅局限于诸如国家与社会管理者阶层以及专业技术人员阶层等拥有组织资源、文化资源或经济资源的优势社会阶层，更向拥有资源较少的一般社会阶层快速扩散。因此，当前出境旅游的重要特点是高端消费和大众消费并存。

2. 规模巨大和细分市场的多样化

2019 年，我国出境旅游人次数为 1.55 亿人次，出境旅游消费继续保持世界第一，显示了我国出境市场的巨大规模和雄厚潜力。

与此相对应的是我国出境市场的多样性和快速分化。不同地域、不同社会阶层、不同文化背景、不同收入水平和不同受教育程度等因素决定了我国出境旅游市场的千变万化。而且，这种不同还在市场的分化和重新组合中快速变化。年轻人与银发族，观光者和商务客，这些不同人群对出境旅游的诉求大有差异。从观光购物到体验度假，从欧洲七八国串烧到一地深度游，从跟团从众到散客独行，多姿多彩的旅游方式共生同存。总体的大市场，越发精细的市场划分以及并不单薄的需求支撑，形成了大众时代的出境旅游百态图。

3. 技术条件的快速变化和人性化解决方案的滞后

技术条件日新月异的今天，信息的快速传播和大规模相互作用塑造了大众时代的出境旅游模式。从硬件平台看，手机、Pad、电子纸等已成为出境旅游人群除电脑终端之外获取信息的新选择。人们能够通过更便捷的途径、更多样化的渠道与终端以及更为自由丰富的信息组合手段来实现出境旅游信息个性化需求。不仅如此，无处不在的网络和无时不在的互动（如微博、微信、抖音、快手等），使得出境旅游者从过去相对独立的消费向紧密的社会性消费发展。每个出境旅游者的消费行为都有可能与他人的行为集合形成强大的社会效应。尽管市场在技术的塑造下越来越具有弹性，但是，人性化解决方案的滞后却往往使得技术变化带来的优势荡然无存。

一方面，与出境旅游相伴相生的相关规制消解了技术的影响，这些包括签证的限制、目的地文化和习俗的限制、法律条件的限制等；另一方面，不同人群对技术的接受能力是不同的。特征鲜明的出境旅游，给我们提出了新的课题：第一，尽可能地提升各社会阶层出境旅游的便利度，由于掌握资源的不同，各社会阶层在选择出境旅游产品时，所面临的问题也不尽相同。对于资源掌控较少的群体，他们也许在经济基础和时间安排上，刚刚有可能越过出境旅游的门槛。但是，信息收集、出境手续办理、语言交流等方面的问题依然严重阻碍了他们采取实际行动的信心。

（二）大众旅游时代的解决方案

1. 充分发挥政府作用

无可否认，出境旅游既是私人产品，又是公共产品。政府在这方面，应该承担主力军的角色，由单纯的行政领导转变为提供公共管理和公共服务，积极与出境目的地协商合作，提高各社会阶层出境旅游的便利度。

2. 推进供给侧产品创新

尽可能地提供细分市场满意的出境游产品，我国庞大的出境旅游规模包含了许多在需求内容上截然不同的细分市场。

不同的细分市场需要对应的出境游产品来满足。可以说，绝大多数人出境旅游经验缺乏或较少，迫切需要解决的是“有没有”或“能不能”的问题。当前，我国提供的产品大部分局限于规模化基础上的低价同质旅游产品，尽管低价，出境旅游产品也应该在严格控制成本基础上尽可能地考量我国“新”出境游客的普遍期望，包括精心的目的地选择、周密细致的时间安排、适当的购物机会、自我实现的体验和展现等诸多方面。

与此相对应，也有不少的细分市场拥有较丰富的出境旅游经验，对价格敏感度低，开始追求出境旅游产品的独特品质和体验，迫切需要解决的是“新不新”“好不好”“精不精”的问题。在旅游目的地和旅游服务的选取上，他们更注重高端品质。其需求的有效满足，对未来升级的“新”出境游客是好消息，攸关大众时代的整体品质提升。

3. 拥抱现代技术

尽可能地借助现代技术的力量，加强现代技术对出境旅游的影响，这一点怎样强调也不过分。因此，需要尽可能地利用现代技术。一方面，创造和优化相关规制与现代技术的接口，使现代技术在出境旅游办理业中找到用武之地；另一方面，根据细分市场的不同，推出经济适宜的人性化解决方案。总之，大众时代的出境旅游，需要考虑时代特征，解决新问题，真正在培育战略性支柱产业和人民群众更加满意的现代服务业中发挥更大的作用。

三、出境旅游的新时代发展

虽然出境旅游已是亿人次的巨大规模，然而支持出境旅游发展的动力却在不知不觉间开始转换，为出境旅游的加速发展提供了更多的支持。一个可以观察到的现象是，无论是否体验过出境旅游，但是“世界这么大，我想去看看”的“看世界”梦想已经存在于无数国人的意识深处，对护照“含金量”、境外目的地和免退税攻略等话题的关注也展现出国人对出境旅游的热衷。从三线、四线、五线城市下沉市场的开始发力到小镇青年越来越频繁的跨境脚步，从技术和商业模式的迭代升级到自由行和“新”跟团游等创新产品对市场的重新塑造。还有难以尽数的或重大或细小的市场、产业和环境的变化，都汇聚成出境旅游的重新加速——从 2017 年 7% 的个位数增长，转化为 2018 年 14. 7% 的两位数增长，发展速度几乎翻倍。所有这一切的变化，都表明在中国改革开放大门越开越大的宏大历史背景下，中国的出境旅游同样也正在经历一个发现可能又创造可能、直面挑战又超越挑战的历史性时期。

（一）新时代的特征

1. 存量和增量的巨量规模

在2018年我国1.49亿人次的出境旅游市场规模中，近程目的地依然是主体。在洲际目的地上，亚洲以接近九成的绝对优势继续占据首位。在2018年的前15位出境旅游目的地中，除了美国、俄罗斯和澳大利亚，其余均为亚洲国家或地区，如中国香港、中国澳门、中国台湾、泰国、日本、越南、韩国、新加坡、马来西亚、柬埔寨、印度尼西亚和菲律宾。其中，我国的港澳台是最主要的目的地。出境游客赴不含港澳台的其他亚洲国家或地区旅游接近5000万人次，东北亚和东南亚在其中的位置非常显眼。从目的地角度看，存量主要体现在我国的港澳台地区以及东北亚和东南亚，北美的美国和加拿大，欧洲的西欧、南欧和北欧，以及大洋洲的澳大利亚和新西兰。

增量主要体现在“一带一路”的中亚区域以及中东欧区域。近三年赴欧洲旅游人数年均增长达10%，其中相当贡献就来自于中东欧区域的成长，出境人数占比整个欧洲最高，达到36%，增速最快超过20%。以“大热带+小热点”观之，“大热带”主要是存量，如围绕中国的东北亚、东南亚的近程市场。“小热点”主要指增量，如摩洛哥、塞尔维亚、匈牙利等目的地中国访客的增长。

如果再细分，即使在总体存量的目的地区域，也有相当规模的增量成长。如在西欧和北美的目的地，中国游客已经开始从首都、重要口岸和传统的旅游目的地扩散，更多的访问原先视野之外的城市和乡村。这部分的增量值得关注。从客源地角度看，尽管“东中西”客源产出格局依然稳定，但是中部和西部的客源产出成长速度却明显高于东部区域。中国旅游研究院的数据表明，中国东部地区累计潜在出游力所占比重由2010年的70.0%下降到2017年的62.4%，呈现逐年降低趋势。同时，中国中西部地区所占比重在不断升高，累计潜在出游力所占比重由2010年的30.0%提升到2017年的37.6%，区域之间的差距呈现出明显的收敛趋势。除了一线、二线城市和枢纽口岸城市的出境旅游存量，由于日益接受出境旅游理念，加之收入水平的普遍提升，中国三线、四线城市乃至小镇居民也开始越来越多地成为出境旅游的增量因素。

从存量上看，中国出境游客的规模计量单位是亿人次，从增量上看，中国出境游客的规模计量单位是千万人次。从结构上看，细分市场规模计量单位动辄也有十万乃至百万的起始容量。即使极为小众的赴南极旅游，也逼近万人次的规模，位居世界第二。现实存在的大规模存量和已经在形成并且在快速增长的大规模增量，都在为出境旅游的发展带来更坚强的信心支持。

2. 日益宽松的发展环境

首先，表现在经济发展对出境旅游的有力支撑。根据国家统计局的数据，2018 年我国全年国内生产总值为 90.03 万亿元，按可比价格计算，比上年增长 6.6%。当年，有 11 个省市的人均 GDP 超过了 1 万美元。全国居民人均可支配收入 28228 元，比上年增长 8.7%，扣除价格因素，实际增长 6.5%。城镇居民人均可支配收入 39251 元，比上年增长 7.8%，扣除价格因素，实际增长 5.6%。

其次，是签证环境的持续改善。继塞尔维亚之后，波斯尼亚和黑塞哥维那（简称波黑）于 2018 年 5 月也开始对中国旅客实行免签政策。2018 年 10 月 1 日起，持有普通护照短期赴缅甸旅游的中国公民，从仰光、曼德勒和内比都国际机场进入缅甸时，可办理落地签证。博茨瓦纳、津巴布韦、安哥拉、卢旺达等国对中国游客采取免签或落地签政策。泰国免落地（VOA）签证费政策也将继续延期。2018 年，中国已与 146 个国家（地区）缔结适用范围不等的互免签证协定，与超过 40 个国家达成了简化签证手续协议。中国公民已经可以在 72 个国家或地区享受免签或落地签待遇。其中，免普通护照签证的国家有 14 个。单方面允许中国公民免签入境国家或地区名单有 15 个。单方面允许中国公民办理落地签证国家和地区名单有 43 个。[①] 那些暂时未提供免签或落地签的境外目的地，如加拿大、日本等，不仅积极探索免签或落地签的可能性，同时也对中国游客积极采取包括优化签证流程、减少签证时间、减少或取消签证费用、增设签证中心、采取电子签等创新模式等手段。

此外，交通的持续优化、对面向中国服务的重视以及支付环境的改善，都有利于出境旅游市场的成长和游客体验的提升。例如，越来越多国家和地区不仅引入银联，还引入支付宝和微信支付，极大地提升了中国游客的支付便利。通过“欢迎中国”项目的推广，越来越多的目的地向中国游客提供符

① 中国领事服务网官网。

合其消费和生活习惯的服务。

3. 普遍的竞争加剧倒逼市场主体创新

尽管有整体的宽松背景支撑，但是每个出境旅游市场主体都面临着参与者越来越多、类似模式和产品推出越来越快的现实。2017 年我国具有出境旅游业务资质的旅行社 4442 家，2018 年增加到了 4907 家，增长率为 10.5%。其中北京、广东、浙江、江苏、辽宁、山东和上海共计 2929 家，占到总数的 59.7%。[①] 各地具有出境旅游业务资质的旅行社的数量都在逐年增加，呈明显的上升趋势，竞争更加激烈。

同时，市场主体也面临着认知价值难度上升和体验价值难度上升的难题。流量成本高，获取不易。游客体验标准提升，满意度维持困难。加之各处不同的小环境，成功的可复制性在弱化。这些都倒逼市场主体的不断创新。

（二）对当前出境旅游发展形势的判断

1. 稳中有变是出境旅游的基本面

稳定的是出境旅游的大规模和市场结构。无论整体规模和增长规模，出境旅游都会依然表现出自己不可忽视的庞大体量，为试图在这个领域发展的相关方提供极有潜力的发展空间。同样，从市场结构观之，目的地以近程游为主，客源地以大众城市和枢纽口岸为主的格局也会依然保持稳定。但是，在稳定的大格局下，由于政经关系的变幻、签证直航环境以及时尚文化等因素的影响，不仅某些目的地会快速升温，某些目的地也会默然失落，更多过去悄然无闻的目的地也会进入中国出境游客的选择清单。中国区域经济的演进和小康社会的全面建成，会使得客源地的小镇青年出游现象在未来越来越明显。“稳”带来的是确定性，“变”固然有风险因素，但更多却为出境旅游注入了新的动能。这两方面都是值得重视并且妥善应对的。

2. 持续且能落地的创新能力成为出境旅游竞争的关键

出境领域的激烈竞争表现在几乎所有的领域。无论线上还是线下，无论资源端、产品端，还是渠道端，都是这样。可以观察到，为了应对日益激烈的竞争，方方面面的创新正在快速地涌现。尽管在克服语言、签证、航班以及碎片化需求等多方面障碍的过程中，在适应移动互联环境和市场风向变迁

---

① 文化和旅游部历年全国旅行社统计调查报告。

的商业模式演进中，市场主体正在探索形式多样的创新，但是与过往不同，分散且不连续的创新在获取竞争优势方面的边际效应正在快速减弱，而与之对比强烈的系统化和连续创新正在成为更多市场主体的自觉选择。甚至在使用望远镜和放大镜都看不到的出境旅游领域之外，即将跨界的竞争正在酝酿和发起，准备着对现存的商业模式发起致命的攻击，这种攻击又往往是体系化、颠覆性的。特别是随着5G、虚拟现实、人工智能、云计算、物联网乃至移动互联技术的成熟、应用和扩散，为出境旅游更多领域和更多层次的系统跨界创新提供了更优越的条件。换言之，就是未来会关系到整个供应链、价值链和商业组织体系的全面创新和升级，而这远远不是单点或部分领域的创新能比拟的。例如，携程就试图以全球化为核心，通过内容社区和交易平台的联动，传统市场和下沉市场并行，重塑当前的出境业务板块，形成新的出境旅游服务闭环。这明显就是整个体系的全面创新。

3. “新”团队游和“真”自由行正在成为出境游热点

根据中国旅游研究院发布的相关报告，2018年通过团队形式进行出境旅游的游客比例达55.24%，50.65%的受访者表示在未来的出境旅游中愿意参加旅游团。尽管更多游客倾向于通过旅行社安排出游活动，但是选择新团队游和自由行的游客比例正在上升。这里的新团队游，是指逐步消除人数多、自由度差、不灵活、服务差、购物多、不能满足个性化需求等传统跟团游劣势，明显表现出小团化形式、个性化资源、主题化产品、高品质体验和高品质收益。力求摆脱“低品质、不合理低价、强迫游客购物”的跟团游形象。新跟团游的品类已经发展逐渐扩展为私家团、目的地参团、半自助、高端游、主题化跟团产品等，未来还有更多的发展空间。越来越受游客欢迎的自由行更加凸显其基因中蕴含的个性化特征。根据中国旅游研究院的相关数据，境外目的地类别下的关键词“小众”被搜索次数同比增长高达132%。注重个性化，不喜欢跟随大流的年轻人，对目的地的选择也趋向更“小众”的地方。相比之下，“网红”打卡的热度涨幅仅为44%。2019年1～5月，马蜂窝定制游的服务人次同比增长217%。

4. 出境旅游面临更多也更严峻的风险敞口考验

国际经济和政治领域中的重商主义、贸易保护主义、技术和生态壁垒等因素，以及恐怖主义、自然灾害和公共卫生事件，正在对出境旅游的发展造成不可忽视的影响。例如，发生在中国香港地区的“修例风波”以及中美间的贸易争端，实际上都给出境旅游蒙上了阴影。加之不时出现且难以预料的恐怖主义活动、旅游安全事故和自然灾害，都不同程度冲击着出境旅游的发展。

（三）中国出境旅游发展展望

1. 出境旅游的重心将锚定在高质量发展上

在大规模数量的加持下，中国出境旅游将更注重产业链的整体升级和完善，既关心高质量的市场开拓也关心高质量的供给侧构建。通过与相关出境旅游目的地的深度合作，整合旅游资源要素，培育并加强国际旅游资源与市场调配能力。将逐步摆脱粗放经营、靠运气吃饭的局面，逐步解决掉出境旅游产品简单粗糙、不精细、低频次、低毛利和长链条难以控制等痼疾。通过扩大开发带来的理念转换和资源调配能力提升，进一步加速未来的国际化或全球化布局，实现市场规范和集约化生产，通过旅游电子商务投资、管理输出、旅游产业园投资等形式，在优化旅游产业链、价值链和创新链体系上有所作为。未来会进一步促进在包括移动互联旅游服务在内的高新科技落地、在地接待服务提升以及目的地要素配套等方面形成一系列出境旅游的高质量产业发展集群。

2. 出境旅游将跟着游客美好生活的向往走

中国游客希望高品质实现“看世界”的梦想将会是未来产品开发、公共服务提供和整体产业升级的动力源泉。需要认识到，出境旅游“开始游”“经常游”“游得好”三个层面并存将会长期存在，同时满足这三个层面游客对美好出境游的向往也会是一个长期的任务。游客需要更多的个性化、高体验度产品，那么在产品开发上，就需要对此有感，开发更多的个性化、高体验度产品。游客需要更便利、更安全的出境旅游环境，那么在公共服务提供上，就需要对此有感，与相关国家和地区进行更频繁、更务实的沟通协调，在签证便利化、游客安全保障和权益保护方面有更多的推进或突破。游客需要全过程有保障的高质量产品，那么在整体产业升级上，就需要对此有感，不仅要制定符合出境旅游产业实际的产业政策，还需要采取切实有效的孵化和扶持，从而补齐短板，强化资源采购、产品开发、服务提供、质量保障、风险管控和技术支撑等环节的产业参与能力。

3. 出境旅游将跟着国家的战略走

中国的出境旅游发展是推进合作共赢、开放体系建设不可或缺的一部分。未来的出境旅游发展，将会是互利共赢开放战略的一部分。中国的出境旅游发展，一方面将继续借助于包括落实“一带一路”倡议在内的国家战略的支撑，在签证便利化、基础设施建设、投资营商环境优化、海外利益保护和风险预警防范体系构建、领事保护工作机制完善等方面借势借力；另一方面将有利于世界相关国家和地区与中国共享发展成果，在旅游扶贫、促进经济发展和解决就业等方面发挥出境旅游的战略作用。出境旅游的未来发展，绝不仅仅局限于经济影响，在人文交流和民心互通等方面也会起到越来越显著的作用，为上海合作组织、金砖国家、二十国集团等平台的建设夯实更坚实的民意基础。在港澳事务上，出境旅游的发展也将会更紧密地促进香港、澳门融入国家发展大局，支持香港、澳门发展经济、改善民生。在台湾事务上，出境旅游将促进两岸交流合作、深化两岸融合发展，进一步成为保障台湾同胞福祉的制度安排和政策措施，团结广大台湾同胞共同反对“台独”，促进统一。

四、出境旅游的资源整合：以华商网络为例

尽管为数不少的旅游企业期望在庞大并且高速增长的出境旅游市场支撑下达成实质性的“走出去”战略目标，但是由于在利用整合资源方面没有找到突破口，实际效果乏善可陈。在寻求应对之道的过程中，考虑到我国华侨华人企业数量庞大，分布广泛，影响力大，且当前大量的出境旅游业务（全环节参与），尤其是较大比例的出境地接业务和购物服务是由华侨华人企业承接的。本书试图分析如何充分发挥建立在华侨华人企业基础上，汇聚放大华商能力的境外华商网络对我国出境游的促进作用。

华商网络，指的是建立在“五缘”（即“亲缘”“地缘”“神缘”“业缘”“物缘”①）基础上，并以华商为主体，在生产和市场活动中形成的侧重于某

① “亲缘”是指宗族亲戚关系；“地缘”是指邻里乡党关系；“神缘”是指宗教信仰，甚至民俗习惯产生的一种关系；“业缘”是指同行、同业、同学关系；“物缘”是指因物结缘，因产物类同、好物雷同而形成的认同关系。

一活动区域，以共同利益关系为纽带的相对稳定的联系网络。这种网络有利于提高成员整体效率和降低机会成本。

（一）华商网络与出境游发展的接口

1. 文化接口

一方面，中华文化成为华商网络成功融入我国出境游事业的极佳铺垫。华商网络的主体是华人，主要载体也是华人。华人经济文化的基础是华人传统文化，即中华文化。尽管华商网络在它的发展中与其他经济文化有碰撞、交融、吸收了其他文化价值成分，自己固有传统经济文化也有遗落和扬弃，但是中华文化依然是华商网络文化的内核。相同的文化内核，相似的心理构架，使得华商网络熟悉中国游客的需求，熟悉中国合作伙伴的行为模式，这些都成为华商网络介入我国出境游业务的巨大优势。另一方面，华商网络本身又具有地域性。华侨华人在居住国的长期发展，使得他们对当地文化和生产生活习惯有相当深入的了解。这样，在出境游发展过程中，他们又有可能成为中国游客与当地居民、中国企业家与当地政府和企业家的桥梁。无论是对双边关系改进、商务洽谈，还是对日常交流，华商网络都在发挥着越来越重要的作用。

2. 资金接口

历经上百年的苦心经营，华商网络已经成为与犹太人网络和伊斯兰网络比肩的庞大资金载体，而且其规模还在持续增长。不仅如此，华商网络的优势产业包含银行业，资金融通实力和经验都不容小觑。通过华商网络积累的资源，有意进入我国出境游的华商企业，如占据目的地国90%以上市场份额的旅游目的地的地接社，有机会持续不断地筹集到商业上所需要的资金。①

3. 管理接口

在经济全球化的趋势下，身处海外的华商网络顺应经济发展潮流，在经营管理上向跨国化和全球化方向发展。一方面推动所在国经济的发展；另一方面也使得自身的管理水准与世界先进水平接轨。尤其在与世界领先企业建立战略联盟方面，华商网络已经积累了可持续的组织方面的技能。从我国出

---

① 资料来源：中国新闻网官网，http：//www. chinanews. zgqj/news/2010/05 - 02/2293574. shtml。

境游维度审视，华商网络的经营管理资源有重要价值：一是与所在国旅游业发展契合的管理技术和经验，包括当地化的股权资金结构，当地的政治背景，当地劳动力资源经验，当地的合作网络、销售渠道等；二是立足于自身专精领域的管理经验，顺势扩展至中国出境游市场。华商企业往往围绕自身的核心产业营建商业帝国，或是房地产，或是酒店业，或是网络业，或是传媒业，或是交通业，或是零售业。这些产业或多或少与我国出境游发展有联系，而华商长期投身其中形成的宝贵经验易于为出境游经营所借鉴。

4. 产品接口

华商网络不仅熟悉我国出境游市场的需求，而且也熟悉所在国的旅游资源和文化。对供需双方的熟稔有助于镶嵌于华商网络中的相关企业充分利用当地资源，开发适应中国出境市场需求的旅游产品。在散客化渐成潮流的情况下，与当地文化风俗、旅游资源、人民生活及当地华商核心产业密切相关的出境游产品将成为华商网络切入我国出境游市场的主要方向。

5. 人力资源接口

华商网络和我国本土旅游企业在发展过程中都积累了各自独特的经验，双方在跨国经营中可以实现人力资源方面的合作。例如，双方可以联合进行人员培训，互相学习，提高共识，减少协同工作的障碍，同时也可以节省单独进行人员培训的成本。更重要的是，通过华商网络，可以充分利用当地的人际关系网络，寻求开发出境游市场、经营出境游业务的合适人才，从而节约人力成本、沟通信息，降低中国旅游企业进行国际经营的风险。

6. 市场接口

华商网络与国内企业双方可以利用对方已经建立的营销网络，实现网络对接。华商网络当地企业可以在诸多方面为对方提供支持：熟悉当地旅游资源和我国旅游者心理，为出境旅游产品的市场定位和营销策略提供依据；利用现有的营销队伍和市场基础设施，共享或部分共享客户资源。通过销售分成，提高现有营销队伍和市场基础设施的使用率，降低营销渠道的单位成本，共享营销网络资源。这样，国内旅游企业可以利用华商营销网络和资源，开拓出境细分市场，国外华商旅游企业也可以通过国内旅游企业已建立的营销网络，销售自己的产品，有效开拓中国市场。

（二）华商网络是促进出境游的动力

正如前文提到的那样，华商网络对于我国出境游有天然的促进作用。这种促进作用来源于市场动力、投资动力和行政动力。

1. 市场动力

近年来，我国出境旅游持续保持强势增长，市场规模不断刷新。数千万的出游人次，数百亿美元的旅游花费以及百余项旅游目的地的储备，标示着出境旅游不再囿于小众的范围，而成为大众的选择。当前的出境旅游，除了规模巨大，还有覆盖面广和细分市场多样化的特点，这要求尽可能地提升各社会阶层出境旅游的便利度和尽可能地提供细分市场满意的出境游产品。身处华商网络间的旅游企业，有自身独有的社会网络，联系中外，为更了解市场的需求，更了解旅游目的地的旅游资源和特色，更了解当地投资政策、法律、劳动力市场甚至文化传统等方面的信息。他们投身其中，不仅能够更有针对性、更有效率地开放出境游旅游产品，也便于经营者容易应对相关手续、语言习惯等壁垒。有利于争取旅游目的地国家与地区放宽对中国旅游企业的管理与工作人员在入境、临时居留等方面的限制，在商业存在上享受国民待遇。还有利于中国旅游者融入当地社会生态，不易引起反感，对出境游市场的开放和拓展是极为有益的。可以说，由于本身特点形成的市场动力是华商网络与我国出境游相融相生的根本动力。

2. 投资动力

我国出境游产品向来投资报酬率较高，是投资者难以割舍的重要投资领域。无论海外华商网络，还是国内的投资者，其巨量的资金都在积极寻求出口，出境游无疑是一个较好的选择。对海外华商网络而言，除了资金实力外，其在其他行业积累的丰富经验也可以有机移植在出境游领域。例如，“赌王”林梧桐属下的云顶集团是马来西亚最大的华人家族企业，在休闲业居于垄断地位；陈永成家族在菲律宾航空公司中持有 27% 的股份，成为菲律宾“航空业大王”；郭延年家族创立的香格里拉集团共有 19 家星级大酒店，为亚太地区最大的酒店集团之一。这些华商佼佼者都具有较强的投资动力。

3. 行政动力

我国政府和相关出境旅游目的地国家或地区都对双方开展旅游业合作极为重视。尤其对于目的地国家和地区，他们抓住一切机会营销本国旅游产品，简化签证程序，提供优惠政策来吸引中国游客。而华商企业作为适当的中介，在优惠条件、投资政策、资源获取等诸多方面获得了支持。无可否认，这种官方或者半官方的承认和鼓励对于华商网络经营出境游业务至关重要。

（三）华商网络介入出境游的障碍

1. 社会信任资本匮乏

建立在家族控制和儒家文化基础上的华商网络信息往往不规范，“可意会，不可言传”。准确而有质量的信息通常也只在小范围内传播。同时，对儒家文化的解读和利用渗透到华商网络的方方面面，成为网络间关系处理的潜在指导规则。不可否认，这种状况在华商企业成立之初能够有效地降低和控制交易成本，有利于华商企业度过草创期的艰难岁月。但是，在这种文化和信息特征条件下，华商网络不可避免地在权利和信息分享方面体现出一种封闭性。核心权利高度集中于家族范围，沿“五缘关系”差序展开，信任机制并不透明开放，具有强烈的个人化特征，难以成为制度化的组织结构。这种关系网络不能继承和转让，第二代经营者或代理人难以获得降低交易成本的好处。在这种状况下，一方面，华商企业以及华商网络难以获取外部社会资本，不易成长壮大。同时，基于血缘和地缘关系的网络容易形成小团体，并导致裙带关系的泛滥。另一方面，华商网络在介入我国出境游业务时，也必将出现社会信任资本严重匮乏的现象。不仅阻碍华商网络与我国出境旅游服务提供商之间的深度合作，而且也影响了华商网络在更大范围内选择合作伙伴，进入更多、更大的细分市场，难以迅速做大做强，乱象丛生：包含企业介入出境游程度有限，业务畸形集中于华侨华人圈内，服务不规范，不良操作模式（零负团费、强制购物、购物讹诈、接待标准与合同不符、买团卖团盛行、黑社会渗透等）急剧扩散，缺乏权威标准指引，获取更大范围资源较为困难等。

2. 机会主义障碍

对于有意或正在经营出境游的国内旅行社，受制于体制环境和二元经济特征，在强大的外部政治和社会影响下，机会主义依然是国内出境游经营社的发展策略。表现在：出境游经营缺乏长期考量，侧重于短期目标，具有明显的不确定性，哪种产品利润丰厚就一哄而上，但是又往往浅尝辄止，难以培育出自身的核心竞争力。遗憾的是，华商网络相关出境游服务商也有较强的机会主义倾向。一方面，由于语言不通，对目的地风俗习惯、政策制度、交易惯例不了解，缺乏出境旅游经验，大部分出境游游客在自身权益受损时，依然是“沉默的人”。这种消极态度助长了几乎垄断出境游地接的华商旅行社（也包括旅游购物商家、旅游餐饮商家等）的机会主义态度。服务质量下滑，不断挑战游客的承受能力，甚至抱着做“一锤子买卖”态度的也不在少数。另一方面，由于财产和权利保护、制度环境等因素，华商网络企业在企业长远发展和家族财富实现之间存在矛盾，相关企业家常有“落袋为安”的心态。在这种状况下，与国内相关企业的合作也自然缺乏合理的长期战略定位。创新动力不足，忽视中国游客的深层次需求，缺乏世界的“高度”和全球的“眼光”。正是由于机会主义的掣肘，国内厂商和华商网络厂商的合作缺失长期的共同利益基准，显得肤浅而急躁。文化、资金、管理、产品、市场和人力营销等多方面形同虚设。很多时候，双方的合作并没有显现出战略方面的真正优势。

（四）华商网络出境游促进模式的调控

华商网络在我国出境游中的重要作用和巨大潜力，使得我们必须重视解决当前的各种乱象，强化动力机制，消解障碍因素，有效调控华商网络参与出境游。

1. 选用一揽子投资促进政策

对华商网络介入出境游情况进行统计摸底，在获取出境旅游市场规模、消费结构以及流量和流向的基础上，及时监控华商网络介入出境游的深度、广度和旅游产品结构。与国家战略有机融合，提出有针对性的促进华商网络投身我国出境游的产业政策，充分发挥国家旅游行政管理部门、中国人民银行、国家外汇管理局、中国人保、银联卡中心、国资委等部门和机构的作用，充分依据中国游客出境旅游的流量、流向以及消费模式，制定金融、保险、投资等企业与华商网络合作“走出去”的重点区域、发展领域与推进速度等，通过兼并收购和申设机构并举方式，进行金融、保险、投资的国际化布局，有重点、分步骤地引导华商网络与我国旅游企业在出境游领域内的合作与交流。

2. 构建华商网络与出境游融合平台

一方面，通过权威机构的信息披露、认证和评价，建设统一的华商网络与出境游的融合平台，有步骤地实现华商网络和我国国内旅游企业参与出境游信息的透明化、规范化。有效提升投资者和市场信心，吸引投资，集约化开发市场，充分利用相关资源。另一方面，鼓励和引导华商网络旅游企业实现治理制度的升级，实现新形势下交易成本的缩减。

3. 推行服务流程规范化和标准化

利用华商网络和我国国内旅游企业更了解中国游客需求、更了解旅游目的地资源情况的优势，有针对性地根据出境游客的需求与期望，通过市场手段推行服务流程规范化和标准化，形成市场对相关规范或标准的实质认可和积极评价，吸引各方积极加入。这主要表现在价格指导、服务标准指导、出境游商家推荐（准入和分级等）等方面，从而为中国游客提供稳定、可控的优质旅游服务，提升出境游客满意度。

可以总结如下：

第一，海外华商网络的介入有利于我国出境游发展。

海外华商网络与我国旅游企业的文化接口、资金接口、管理接口、产品接口、人力资源接口和市场接口是双方实现共赢合作的基础。和具有相当规模和实力的华商网络企业合作，与入境旅游业务相联系，既可拓展中国公民出境游的市场，提升游客满意度，又可以以实力对等的政策完成对华旅游的客源组织工作。在全球范围吸纳跨国经营所急需的经营管理和资本运作方面的高级人才。

第二，基于华商网络的出境游促进模式有自身的特点。

主要是动力机制和面临的障碍。主要的动力来源于市场、投资需求和政治环境的演进。而主要障碍源于华商网络和我国国内企业自身的成长逻辑，主要是社会信任资本匮乏和机会主义倾向严重。

第三，需要及时采取调控措施。

为了更充分地利用华商网络与我国国内企业的资源，提升我国出境游满意度，应该及时采取有效的调控措施，包括选用一揽子投资促进政策、壮大社会信任资本、建设统一的华商网络与出境游融合平台、推行服务流程规范化和标准化等措施。

第三章

重要机制框架下的旅游合作

第一节　G20框架下的旅游交流合作

一、G20中的旅游合作机制

由19个国家和欧盟等20个主体组成的二十国集团（G20）[①]，其经济规模和贸易额均占据全球80%以上的份额，总人口约占世界总量的2/3，涵盖了主要发达国家和新兴市场国家，代表性强。在这个相当程度上可以决定人类命运的世界性平台上，旅游不仅未缺席，还深度参与其中，已然成为不可忽视的重要建设性力量。2009年，为应对全球性危机，二十国集团应运而生。2018年，面对又一个十年，习近平主席提出“坚持开放合作，维护多边贸易体制”“坚持伙伴精神，加强宏观政策协调”“坚持创新引领，挖掘经济增长动力”“坚持普惠共赢，促进全球包容发展”[②]的中国方案，得到了广泛支持和赞誉。在新的历史关口，遵循上述“四个坚持”是国际旅游合作面临“百年未有之变局”的必然选择。《二十国集团领导人布宜诺斯艾利斯峰会宣言》显示各国认同合作与协调的共识及机制的重要性。这进一步验证着“同舟共济思维”——“各国逐渐形成利益共同体、责任共同体、命运共同体。无论前途是晴是雨，携手合作、互利共赢是唯一正确选择”。

在机制设置上，旅游部长会议成为G20的重要组成部分。自2010年首届

---

① 二十国集团（G20）由七国集团财长会议于1999年倡议成立，由阿根廷、澳大利亚、巴西、加拿大、中国、法国、德国、印度、印度尼西亚、意大利、日本、韩国、墨西哥、俄罗斯、沙特阿拉伯、南非、土耳其、英国、美国以及欧盟20方组成。

② 习近平．《登高望远，牢牢把握世界经济正确方向》的重要讲话，2018－11－30.

二十国集团旅游部长会议召开以来，参与各方在推动签证便利化、旅游投资等方面的合作日益紧密。2016 年，第七届二十国集团旅游部长会议在中国成功举办，会上审议并通过的《第七届二十国集团旅游部长会议公报》指出，G20 国家旅游部门一致同意推动旅游业落实 2030 年可持续发展议程，完成可持续发展目标；完善旅游政策，构建开放的世界经济；促进创新，提高资源利用效率，提高工作质量，推动更高水平的合作、融合和包容发展；欢迎官方发展援助和贸易援助为旅游业发展做出贡献；鼓励二十国集团考虑将旅游业作为增长和实现发展新途径任务的重要产业。可以看到，这次旅游部长会议的成果与峰会主题“为公平与可持续发展凝聚共识”契合，体现了旅游业对世界经济正确方向的高度期待和支撑。不仅如此，由于旅游业的综合特性，在 G20 包含的智库会议（T20）、工商界会议（B20）、妇女会议（W20）、青年会议（Y20）及公民社会会议（C20）等配套活动上，不同方面代表的意见与建议也有相当部分内容涉及旅游领域，展现了旅游对 G20 交流合作的深度参与和支撑。

二、G20 关注旅游业的主要原因

有助于全球经济复苏和增长是 G20 机制关注旅游业的主要原因。与二十国集团旅游部长会议发端同步的是国际游客数量的持续增长。联合国世界旅游组织发布的《世界旅游组织旅游亮点 2018 年版》报告显示，2017 年国际游客总数达到 13.23 亿人次，2016 年增长 7%，为 2010 年以来最大增幅，创下 2010 年以来的新高，连续 8 年保持增长。2017 年旅游业出口就已达到 1.6 万亿美元，成为世界第三大出口领域。G20 成员国家或地区不仅是重要的旅游目的地，也是重要的出境客源市场。中国自 2012 年起，连续多年成为世界第一大出境旅游消费国，对全球旅游收入的贡献年均超过 13%。2019 年，中国出境旅游人次和旅游花费均继续位居世界第一。中国也已成为日本、韩国、俄罗斯、南非等 G20 成员的第一大入境旅游客源地。G20 成员旅游交流合作规模的持续扩大，为成员的经济复苏和加深交流提供了重要支撑。

三、中国的参与和贡献

正是因为秉承开放合作和伙伴精神，我国才有了海南建设自由贸易区过程中“大力推进旅游消费领域对外开放，打造业态丰富、品牌集聚、环境舒适、特色鲜明的国际旅游消费胜地”的诸多举措；有了首届进博会上面向境外旅游产品的大规模“买买买”；有了“一带一路”沿线数千万人次的双向旅游交流规模和前景广阔的未来；正是因为坚持创新引领和普惠共赢理念，我国才有了中国的全域旅游和厕所革命；有了数字经济、“互联网+”、人工智能等领域技术革命加持下的全新产业实践和游客体验提升；有了以携程、飞猪、美团、途牛等为代表的旅游新业态崛起；有了丰富的旅游精准扶贫经验积累和通过乡村旅游带动贫困人口的脱贫致富成就。

这些经验不仅仅是中国的，也是世界的。通过旅游提升人民的获得感、幸福感、安全感，无论是对中国，还是对其他G20伙伴都是如此。中国到2020年要彻底消除现行标准下的绝对贫困，也需要旅游的全面深入参与。而在中国经济对世界经济超过30%的增长贡献率中，也有旅游的一份贡献，这无疑对全球经济增长和国际金融体系稳定产生积极重要的影响。

第二节　亚太经济合作组织（APEC）框架下的旅游交流合作

一、APEC中的旅游合作机制

APEC是亚太地区最高级别、参与范围最广的会议机制。旅游合作一直是这一机制的重要组成部分。亚太地区是我国最为重要的客源地与目的地，自1989年成立以来，作为亚太地区最高级别、参与范围最广的会议机制，APEC有力地推动了中国与亚太地区成员体的旅游合作。

在国际旅游合作中，APEC发挥着难以替代的重要作用。与世界旅游组织（UNWTO）相比，其组织框架更加灵活与专注。21个经济体远比UNWTO 156个正式成员的协商容易。协商一致、自主自愿的合作方式又能够最大限度地消弭成员对于合作的疑虑，提升了合作的成功率。1996年，菲律宾、韩国和澳大利亚在领导人会议上发起的APEC商务旅行卡计划就是其成功合作的典范。当前该计划实现了成员全覆盖，持卡免签通行国扩至澳大利亚、文莱、智利、印度尼西亚、日本、韩国、马来西亚、新西兰、秘鲁、菲律宾、泰国、巴布亚新几内亚、新加坡、越南、墨西哥及俄罗斯 16 国。APEC 与世界旅游业理事会（WTTC）寻求说服政府把旅游业的发展作为施政重点之一的诉求不谋而合，但是作为官方组织，它比 WTTC 通过业界领袖影响政府行为的方式更为直接与有效。其在旅游领域设部长级会议、工作组会议和高官会机制。旅游部长级会议每两年召开一次，旅游工作组每年召开两次，高官会每年不定期举办。这些机制直接将旅游业发展诉求传递给领导人非正式会议。2012 ~ 2013 年旅游工作组制定了 2012 ~ 2015 年旅游发展战略，旅游部长会议听取工作组报告后，向领导人非正式会议提出宣言内容建议并被采纳。较 PATA 的优势同样在于本身权威的官方背景。虽然亚太旅游协会（PATA）采取了紧密维系官方和民间旅游机构伙伴关系的策略，但是 APEC 官方经济论坛的背景显然在政府间合作中更能发挥作用。2012 年 5 月由俄罗斯在反恐工作组会议上提出的《APEC 旅游者安全指南》中的突发事件应对及政府沟通等内容就需要经济体成员政府的深度协调和高度一致。

APEC 成员与我国地缘关系密切，是国际旅游交往的优先对象。中国与东盟、南太平洋、美国、俄罗斯、澳大利亚和日本、韩国等一系列多双边旅游合作机制的设立与发展都与其成员关系密切。日本、韩国、美国、俄罗斯、澳大利亚、印度尼西亚、马来西亚、菲律宾、新加坡、泰国和越南等 APEC 伙伴向来是我具有战略意义的旅游客源地与目的地。习近平主席在巴厘领导人非正式会议上提出加强“海上丝绸之路”合作的伟大构想，其沿线有 12 个经济体是 APEC 的重要成员。当前我入境前列客源地大部分是其成员，游客规模过亿人次，占总体入境人数的 8 成以上。与此类似，中国公民出境前列的大部分目的地也是其成员，占总体出境人数的 6 成以上。历史发展路径和现实的市场规模，决定了加强与其成员的旅游合作成为我国的必然选择。

在加入世界贸易组织之前，APEC 是我国旅游业实施自主对外开放、逐步与世界接轨并走向国际化的重要场合。1996 年原国家旅游局发布《关于 APEC 贸易和投资自由化单边行动计划（草案）旅游部分的修改意见》，宣布进一步开放中国旅游业，并就旅游饭店、旅行社和旅游景点景区的开放提出计划。1997 年随之提出旅游相关领域对外开放的近期与中远期目标。1998 年原外经贸部和原国家旅游局发布实施了《中外合资旅行社试点暂行办法》，进一步扩大了旅游业的对外开放。1999 年原外经贸部和原国家旅游局发布实施的《中外合资旅行社试点暂行办法》，中外合资旅行社将由12个国家旅游度假区扩大到度假区外进行试点。2001年中国加入WTO后，我国又在2001年、2003年和2005年及时更新了单边行动计划，为兑现WTO承诺做出了贡献：在饭店和餐馆领域，提前4年兑现了允许外资设立独资企业的所有承诺；在旅行社领域，如期兑现降低注册资本承诺，2002年提前1年多兑现了允许外资设立控股旅行社承诺，提前6年兑现了放开外资旅行社设立地域的限制，在2004年提前兑现了允许外资设立独资旅行社的承诺。中国旅游业的单边行动计划展示了中国作为负责任大国的良好形象，也为深化APEC旅游业合作提供了舆论氛围和政策储备。

二、APEC框架下的合作特征

APEC具有松散的“软”合作特征。优点在于容易把成员体之间的共同点汇集在一起，抛开分歧和矛盾，创造和逐渐培养相互信任，缓解或消除紧张关系。缺点是问题不聚焦，共识难以执行，在有效评估方面也存在困难。尽管工作组曾经制定了《APEC 2012—2015旅游发展战略》（简称《战略》），但是目标并不集中。《战略》中通过旅游推动亚太地区经济增长与繁荣、推动旅游业的包容性发展、推动旅游企业与目的地的可持续发展以及提高效率与地区经济一体化等四个目标的提出源于牵头经济体的单方重视。牵头经济体往往采取单边行动计划推进战略目标的实现，而对其他经济体并没有执行和完成的硬性限制。例如，2003年的曼谷宣言和2004年的圣地亚哥宣言均支持实施旅客预检信息系统（API）探路者倡议，表现的是澳大利亚等发达成员旅游业界的诉求。2012年哈巴洛夫斯克宣言强调充足基础设施对旅游业的重要性，表现的是发展中经济体旅游业界的诉求。因此，APEC战略往往成为牵头经济体的独角戏，其他成员缺乏积极推动的意愿，作用更多地表现在决心的宣示上。

“开放的地区主义”是APEC的重要理念。虽然限定于亚太区域，但取得的成果可以全球共享，不存在排他性的制度措施。相比区域内国际旅游合作机制，“开放的地区主义”容易导致成员对于“搭便车”的忧虑，促使成员采取东盟内部旅游合作、跨太平洋战略经济伙伴关系协定（TPP）等“小圈子”模式应对。“小圈子”或多或少在基础设施、签证便利、商品通关、航权谈判、交通联运、标准对接等领域取得了进展，但是内容不一，进展难以保障，壁垒依然存在。

三、未来 APEC 下的旅游合作

未来 APEC 框架下的旅游交流合作，需要秉承互谅互让、平等相待的精神，坚持非机制化原则。升级区域内中国与东盟、南太、美国、俄罗斯、澳大利亚、日本、韩国等一系列多双边旅游合作机制，积极推动“一带一路”相关经济体在旅游签证政策、购物免退税、人民币离岸金融政策等方面的政策创新，形成 APEC、“海上丝绸之路”经济带、亚太自贸区和次区域旅游业合作的战略协同，构建其单边行动计划与相关多双边旅游合作机制互为借鉴、互相补充的新格局。

第三节　上海合作组织框架下的旅游交流合作

一、上海合作组织框架下的旅游合作机制

上海合作组织（简称“上合组织”）成立于 2001 年，中国、俄罗斯、哈萨克斯坦、吉尔吉斯斯坦、塔吉克斯坦与乌兹别克斯坦是最初的成员国。2017 年 6 月，印度和巴基斯坦在上海合作组织阿斯塔纳峰会上成为上合组织正式成员。

上合组织成立以来，对内遵循“互信、互利、平等、协商，尊重多样文明、谋求共同发展”的“上海精神”，对外奉行不结盟、不针对其他国家和地区及开放原则，已经成长为具有广泛影响的综合性区域组织，在全球性和地区事务中发挥了积极作用。

上合组织稳步推进政治、经济、安全、人文、对外交往、机制建设六大领域合作，树立起相互尊重、公平正义、合作共赢的人类命运共同体构建典范。除 8 个正式成员国外，上合组织还吸纳了阿富汗伊斯兰共和国、白俄罗斯共和国、伊朗伊斯兰共和国、蒙古国四个观察员国，阿塞拜疆共和国、亚美尼亚共和国、柬埔寨王国、尼泊尔联邦民主共和国、土耳其共和国和斯里兰卡民主社会主义共和国六个对话伙伴国。

目前，上海合作组织是人口最多的国际组织，成员国人口接近全球人口总量的一半。就地域面积而言，上合组织是世界上最大的区域合作组织，远超欧盟、北美自由贸易区等著名区域合作组织。涵盖欧亚大陆大部分区域，成员国总面积占世界面积的1/4，横跨连接欧亚大陆的中心区，“中蒙俄经济走廊”“中巴经济走廊”“孟中印缅经济走廊”等重要区域合作均与上合组织密切相关。上合组织已经成长为当之无愧的涵盖中亚—南亚—欧亚的大跨域国际组织。在经济地位和发展潜力上，当前上合组织相关国家占全球经济总量接近1/3，占全球贸易额超过1/3。根据WTO秘书处的预测，仅上合组织中中国、俄罗斯、印度三国，至2035年占全球经济的比重也将升至1/3左右。

上合组织成员国人口众多、旅游资源丰富多样，具有旅游合作的巨大潜力。同时，旅游业是各成员国经济发展中不容忽视的重要组成部分，在诸经济体中占有较大比重。随着各国人民的交往不断加强，旅游发展将为这种交往提供保障与便利，成为促进人文合作的有效载体。

加强旅游合作是上合组织各国有效应对国际经济形势变化的重要举措。近年来，上合组织面临的内外部环境均发生了显著变化，不确定性加大。为更好地适应这种变化，上合组织成员国充分利用现有合作机制，进一步推进上合组织成员国之间旅游的便利化、旅游项目的双边和多边合作，互相支持、互相帮助，无疑是应对环境变化冲击，使成员国人民得到更多利益的有效途径。

近年来，上合组织成员国先后举办了中国—俄罗斯旅游年、中国—印度旅游年和中国—哈萨克斯坦旅游年，成员国间加大了旅游宣传力度，扩大了人员交流规模。发展并扩大了旅游领域的多双边平等互利合作，促进了人员往来便利化，积极加强旅游领域经验交流，密切了主管机关和行业组织之间的联系。2016年6月，成员国有关部门授权代表签署了《上合组织成员国旅游合作发展纲要》，该文件成为上合组织历史上首份为强化成员国旅游合作而制定的文件，体现了对加强成员国旅游合作的高度认同。2017年6月，在上合组织成员国旅游部门代表在哈萨克斯坦首都阿斯塔纳共同签署了《2017—2018年落实联合行动计划》，旨在通过构建共同的旅游空间，增强成员国之间的旅游交流，达到更有成效挖掘上合组织成员国间旅游合作巨大潜力的目标。通过旅游合作，巩固成员国的睦邻友好关系，深化民心相通。

可以说，旅游一直是上合组织关注的战略性合作领域，上合组织成员国对此有着强烈的共识，旅游合作不仅是区域一体化的重要内容，同时也在推进区域一体化进程中发挥战略性作用。随着旅游交流日益频繁，务实合作不断深化。《上合组织成员国旅游合作发展纲要》《2017—2018 年落实上合组织成员国旅游合作发展纲要联合行动计划》《2019—2020 年落实〈上海合作组织成员国旅游合作发展纲要〉联合行动计划》的相继签署，意味着在战略和行动两个层面上，不仅将旅游领域合作作为上合组织人文交流和民间交往的基础工程和活力工程，更将其作为上合组织命运共同体建设的示范工程。

二、旅游交流合作对上合组织的支撑

作为人文交流的基础工程，旅游领域的合作有利于把上合组织打造成包容互鉴的典范。旅游交流合作离不开对文化资源的强有力保护和利用。从这个意义来说，旅游交流合作的过程，实际上也是保护和利用上合组织地区文明多样性这一宝贵财富的过程，有利于将该地区不同民族、不同文化、不同宗教在此交融汇聚，使相得益彰的优势得以充分发挥。通过文化和旅游的深度融合，不仅为旅游领域的合作提供支撑，同样也为文化、教育、环保、科技、卫生、安全、青年、体育、媒体等领域提供基本支撑。

作为人文交流的活力工程，旅游领域的合作有利于把上合组织打造成团结互信的典范。国之交在于民相亲。旅游领域的合作有力地促进了上合组织成员国民众更频密地面对面交流。同时，也要看到，旅游业是各成员国经济发展中不容忽视的重要组成部分，对促进经济发展、创造就业岗位、缓解乃至消除贫困等方面有着重要意义。随着各国民众交往的不断加强，旅游发展将在这一过程中提供更多保障，并成为促进人文合作的有效支撑或载体。由此，不仅持续产生、吸纳、引导和聚焦了更多民间力量参与人文交流，也将持续凝聚推动区域合作关系相向而行的国家意志，进一步夯实政治互信的基础，增强相互支持的意愿。这些都为深化双边和多边合作创造了更加有利的条件。近年来，上合组织成员国先后举办了中俄旅游年、中印旅游年和中哈旅游年，成员国间加大了旅游宣传力度，扩大了人员交流规模，发展并扩大了旅游领域多双边平等互利合作，促进了人员往来便利化，加强旅游领域经验交流，密切了主管部门和行业组织之间的联系。

作为上合组织命运共同体建设的示范工程，旅游领域的合作有益于把上合组织打造成安危共担和互利共赢的典范。在安全保障方面，共同的安全命运将上合组织的客源地和目的地紧密联系在一起，对打击“三股势力”、扎牢安全篱笆和防范恐怖极端势力回流提出了更高要求。在当前上合组织旅游合作框架中，秉持共同、综合、合作、可持续安全观的旅游安全保障是其重要组成部分。在互利共赢方面，上合组织区域内具有旅游资源禀赋丰富、市场规模巨大、产业类型齐全、发展潜力雄厚等优越条件，且互补性强，合作互利优势突出，在“一带一路”倡议践行和旅游便利化方面都有现实的丰富成果和更美好的预期。无论人员往来、市场合作，还是产业投资，旅游领域的合作有力推动上合组织的互利共赢。通过进一步改善交通、通信和相关旅游基础设施条件，积极推进简化签证及通关手续为代表的旅游便利化，构筑有益于旅游咨询、旅游市场和旅游投资等信息发布的公共平台，将推动上合组织旅游领域合作成为上合组织命运共同体建设的示范工程。

推进旅游领域的深度合作有益于促进多边主义和自由贸易，是应对日益增多的全球性挑战、展现“上海精神”的生动体现，是坚持共商、共建、共享的全球治理观，凝心聚力、务实笃行的鲜活实践。

三、推动优化上合组织旅游合作的建议

2018 年 6 月 10 日，上海合作组织各成员国在青岛共同签署《2019—2020 年落实〈上海合作组织成员国旅游合作发展纲要〉联合行动计划》（以下简称《行动计划》）。该文件是上海合作组织首届旅游部长会议达成的重要成果，表达了成员国在多个领域强化旅游合作的意愿和决心。

根据《行动计划》，这些合作领域涵盖旅游产品、旅游服务质量、旅游者合法权益保护、旅游安全保障、科研及旅游技术等方面。不仅从旅游角度阐释了以“互信、互利、平等、协商、尊重多样文明、谋求联合发展”的“上海精神”，还对当前国际旅游合作面临的重大关键问题提出了可落地的“上合方案”，充分体现了国际旅游合作的知行合一理念。

上合组织成员国旅游合作不是孤立的，而是与其他方面的合作紧密相连。与《行动计划》同时签署的文件涉及安全、文化、教育、环保、科技、卫

生、青年、体育、媒体等方面，有助于全方位提升成员国的合作水平。由于旅游的综合属性，这些方面的密切交流与合作无疑增进了“旅游+”或“+旅游”的可能性。同样，旅游合作的进一步深化也将为这些领域的合作创造适宜的环境并注入有益动力，进而实现旅游业与相关领域合作的共振互利。在青岛峰会上，习近平主席宣布将在上海合作组织银行联合体框架内设立300亿元人民币等值专项贷款，未来3年，中方将为各成员国提供3000个人力资源开发培训名额，相信包含旅游在内的各领域合作都将从中获益。[①]

《行动计划》的签署为新时期上合组织成员国旅游合作提供了整体制度框架。要充分释放上合组织成员国旅游合作潜力，除了持续提升区域内旅游便利化水平、构建联通区域内外的产品和市场整合开发格局以及形成旅游教育对区域旅游合作的有效支撑外，还有很多工作要做。

（一）构建优化常态化的组织机制和多样化的合作方式

由于区域旅游合作是一项系统工程，需要建立一套有利于沟通协调的运作机制，为旅游合作发展提供基本依托。建议各国成员建立定期的旅游战略对话机制，就区域旅游合作的战略性、长期性、全局性等问题进行深入交流，并向世界各国传达上合组织加强旅游合作的决心和态度。

构建旅游战略对话机制的关键点在于协调各成员国之间利益平衡。通过协调，各成员国之间交换观点和信息，求得对共同利益的共识，采取相应的措施和行为，使各成员国形成相互依赖、合理分工、协调发展的旅游合作统一体。上合组织成员国旅游合作涉及多国家、多地区，利益分配十分重要，直接影响各方的积极性。明确界定自然、民俗旅游资源，历史文化及非物质文化旅游资源等产权，并对各种旅游资源进行资产评估，以资源入股方式参与旅游开发以及利益分配，协调各成员国之间的利益平衡。同时，参与合作的开发商、地方政府、当地居民按生产要素的贡献率进行分配，保证参与旅游开发合作各方的应有收益，实现旅游开发收益的相对公平分配。此外，通过旅游合作带动旅游购物，实现方便游客购物，提高游客购买积极性，促进旅游与贸易协调发展。

---

① 习近平．弘扬“上海精神” 构建命运共同体——在上海合作组织成员国元首理事会第十八次会议上的讲话，2018－06－10.

要明确争端解决机构、制定详细的章程、规定利益分配标准、明确各成员国的责任义务，建立定期互访制度及旅游联席会议制度，建立每年一次的上合组织旅游部长会晤机制，研判世界旅游业发展趋势，探讨上合组织在世界旅游经济中的地位与作用，研究制定旨在推动各成员国旅游交流与合作的主要内容与相关举措。建立司一级领导议事制度，围绕部长会议主题和相关议题，落实合作计划。

要尽快制定优化系统化的实施方案，这意味着成员国工作层面的合作机制优化要尽快摆上日程，以求实现多边或双边的常态化有效沟通。在实施方案中，至少应包括日常协调机制的完善、行政官员与专家技术团队的配合、突发事件处理和长远目标达成的资源分配、大数据与人工智能等新技术的引进和利用等。在实施方案制订过程中，试验、试点以及重点突破思路多多益善。考虑到各成员国诉求和发展条件存在较大差异，不能强求一致，有统一的愿景也要有可落地的条件匹配。在这方面，跨境旅游合作区和边境旅游试验区的“两区”建设将为上合组织成员国旅游合作实施提供有益经验。

（二）力求培育或强化地方影响力

当前，上合组织成员国旅游合作多集中在国家层面，虽然地方层面参与积极性高，但能力稍显不足，取得的实际成果相对有限。必须看到，地方的有效参与和活跃程度具有重要的现实意义，具体营商环境的质量往往与地方密切相关，“落地方能生根”。在上合组织的总体框架内，搭建并强化地方旅游合作平台，推动地方旅游交流将是一个长期的努力方向。既有增量，更要利用存量，如当前许多地方构建的“友城”平台，值得关注。

（三）培养旅游合作的想象力和创造力

深化文化和旅游融合，这里既有愿景形成、观念磨合和理念共振的因素，也有深挖文化基因，从各国宝贵的文化资源中吸取力量、获得灵感，开发旅游产品和市场的期望，更有文明互补互鉴的考量。在供给上，以历史人文资源优势为基础，开发的同时注意旅游资源的保护，突出“丝路”特色，创建“丝绸之路旅游”品牌。以新欧亚大陆桥、“沙漠丝绸之路”、“海上丝绸之路”和“草原丝绸之路”等为纽带，将宗教、民俗融入其中，凸显中亚风情，打造贯穿中国、俄罗斯、哈萨克斯坦、吉尔吉斯斯坦、塔吉克斯坦、乌兹别克斯坦、印度、巴基斯坦等国家的旅游线路，并进一步组织开展上合组织“丝绸之路旅游年”活动，促进文化旅游交流。以“茶叶之路”为线索，加强中国与蒙古、俄罗斯的旅游合作。鼓励本国公民到对方国家旅游。在产品合作的基础上，加强整体宣传促销，吸引区外客源的到访。可适时在区域内部推广中国全域旅游和“厕所革命”经验，精选打磨文旅精品联合推进产品开发、客源互换与宣传促销。

（四）全面提升区域内的旅游便利化水平

需要全面强化各项安全维护稳定措施，持之以恒地加大对以“三股势力”为主的跨国有组织犯罪的打击力度。在及时交换旅游危机管理与应急信息的基础上，向游客发布旅行安全警示，为游客提供安全保障。进一步改善交通、通信条件，如增设航班、航线，完善相应基础设施以提高旅游接待能力，争取早日开通上合组织“国际旅游客运专线”。各成员国之间积极推进旅游便利化，简化烦琐的签证及通关手续，如办理上合组织成员国“一站式通关”，一次通关游览数个乃至全部国家；借助海关合作小组，积极推进上合组织内部无障碍旅游建设。以现代化信息和远程信息技术专门工作小组为依托，开展上合组织旅游信息共享平台的项目建设，构筑旅游咨询、旅游投资项目等信息发布的公共平台。

（五）构建联通区域内外的产品和市场整合开发格局

上海合作组织是开放的平台，不仅关系到当前的上合组织成员，也关系到未来的上合组织成员。因此，在旅游产品和市场合作上有所差别，优先选择成员国合作，同时也应秉承开放的观点，预留接口，探索更大范围、更多模式的旅游合作。产品和市场合作也不能偏颇，在产品开发方面应考虑上合组织整体市场的概念，而不局限于一国一地。在产品开发中进一步明确界定自然、民俗旅游资源，历史文化及非物质文化旅游资源等产权，并对各种旅游资源进行资产评估，以资源入股方式参与旅游开发以及利益分配，协调各成员国之间的利益平衡。参与合作的开发商、地方政府、当地居民按生产要素的贡献率进行分配，保证参与旅游开发合作各方的应有收益，实现旅游开发收益的相对公平分配。此外，通过旅游合作带动旅游购物，实现方便游客购物，提高游客购买积极性，促进旅游与贸易协调发展。

（六）形成旅游教育的有效支撑

在教育合作方面，充分发挥政府和市场的作用。加强上合组织成员国的本土本地旅游人才培养，特别是当前紧缺的旅游翻译和旅游管理方面的人才。在建立上合组织大学合作框架下积极推进旅游相关专业的设置，并开展各类培训、研习、实习及企业短期专业训练，增进各国相互承认学分、学历；增加互派留学生等工作，培养应用型国际化人才。特别要重视扩大青少年之间的友好交流。在科研交流方面，以论坛等形式推进各国旅游研究机构的交流，并通过设立科研基金，支持针对上合组织旅游合作的专项研究。在人才交流方面，在设立职业资格认证标准的基础上，推动旅游行业经营、管理人才，以及导游、厨师、服务员等专业技术人才的相互引进。

（七）鼓励民间的广泛参与

上合组织成员国在“一带一路”倡议实施过程中发挥了重要作用，精心营造的“和平合作、平等相待、开放包容、共赢共享伙伴关系”持续消解制度和心理障碍，基础设施建设和大规模项目开发推动了人员往来和旅游交往。可以说，当前上合组织成员国旅游合作正处于全面发展的新时期，将吸引更多市场主体及非政府机构。正是他们的积极参与，才保证了上合组织成员国旅游合作的可持续发展。在这里，凝聚了推动上合组织成员国区域合作关系不断发展的国家意志，也对民间力量的产生、吸纳、引导和聚焦提出了更高要求。需要进一步加强民间的交流合作机制，推动包括各成员国旅游研究机构、旅游协会以及旅游企业的常态化交流机制，推进合作深度。在合作方式上，探索“旅游＋”的合作模式，实现上合组织成员国亲密合作，实现需求平衡、利益兼顾。相关部门要在基础设施建设、市场秩序维护、市场推广促销、标准互认、产品开发、旅游安全、技术交流、对接落地等方面为企业“搭一把手”，在法律环境和营商环境改善上为企业“添一把力”。

积极推动设立上合组织旅游发展基金，以落实上合组织旅游合作计划，将基金重点用于制约旅游合作的交通等基础设施建设项目。依托上合组织的两个非政府机构——实业家委员会和银行联合体，为各成员国扩大与深化旅游投资、金融合作创造必要条件。通过深入开展双边货币互换合作、降低准入门槛、简化审批手续等方式，促进旅游贸易与投资的便利化程度。

鼓励和推动金融机构开展业务创新，探索发行旅游发展债券、提供跨国并购贷款等途径，为区域旅游项目建设等提供融资便利。共享旅游项目投资信息，引导社会资金投向。将出境旅游及相关投资与“一带一路”、丝路基金、亚洲基础设施投资银行等议题相结合，争取目的地在基础设施建设、产业合作等项目的投融资支持。

第四节　金砖机制下的旅游交流合作

一、金砖框架下的旅游合作机制

在世界文明版图中，金砖国家有着不可忽视的重要地位。分处四大洲，地跨南北半球的金砖国家有着悠久博大的文化和文明传承。中华文明绵延数千年，根深叶茂；印度文明以包容与多样著称于世；俄罗斯文明有着兼收东西的深厚积淀；巴西和南非都有千姿百态、丰富多样且张力十足的文化传承。深厚和精彩的文化总是互相吸引，伟大文明之间的交往难以阻断。事实上，金砖国家文化和文明交流早在数千年前就已经频密展开。从流传下来的文献可以看到，人员交流不绝于途，互学互鉴蔚成风气。

作为金砖国家合作“三轮驱动”的重要组成部分，人文交流框架下的文化和旅游交流合作让金砖的朋友圈越来越大、伙伴网越来越广。在文化交流合作中，早在2015年，就举办了首届金砖国家文化部长会议，成功构建了文化交流合作的政府间机制，签署了《金砖国家政府间文化合作协定》，建立了涵盖电影、体育、教育、媒体和青年等多领域的人文交流机制，成立了金砖国家美术馆联盟、青少年儿童戏剧联盟、博物馆联盟和图书馆联盟，举办了包括论坛、会议、展览和演出等在内的数量众多、层次不一、类型多样的人文交流活动。

金砖国家是重要的国际旅游目的地。2018年，金砖国家接待国际入境游客1.2亿人次，占全球比例接近10%。国际旅游收入2400多亿美元，占全球比例超过14%。① 金砖国家同样是重要的客源地。2019年，仅中国出境游客

① 资料来源：联合国世界旅游组织官网（UNWTO）。

就有 1.55 亿人次,[①] 产生的旅游支出以千亿美元计，成为世界旅游业发展重要推动力量。需要注意的是，中国连续多年保持世界第一大出境旅游客源国和第四大入境旅游接待国地位，对全球旅游收入贡献平均超过 13%。近年来，金砖国家间的旅游交流合作日益频繁和深入，中国、印度、巴西、俄罗斯和南非互为现实或潜在的旅游客源国和目的地，且相互间的重要性日渐提升。中国是俄罗斯最大旅游客源地，也是俄罗斯第三大出境旅游目的地，2017 年，中俄双向旅游交流人数接近 400 万人次。中印双向旅游交流人数在 2016 年就超过 100 万人次，创下历史最高纪录。中国前往南非、巴西的游客也在迅速增长。

金砖国家充分认识到旅游交流合作的重要性，早在 2012 年，原中国国家旅游局就与俄罗斯联邦旅游署了《关于旅游领域投资合作的谅解备忘录》，同时签署的还有 5 项国家以及地方层面的投资合作协议。金砖国家间的旅游企业合作热度不减，如携程收购印度一家 B2B 旅游预订平台，并投资了印度最大的在线旅游公司。在合作机制方面，中国先后与俄罗斯、印度互办“旅游年”，与南非和巴西在旅游推广、信息共享、旅游投资、服务质量和人才培训等多方面开展合作。在 2016 年，召开了首届金砖五国旅游部长会议，构建了政府间的旅游交流合作机制，提升了金砖国家旅游领域的整体合作水平。随着合作的深入，金砖国家间的旅游交流也日益频密。2018 年，中国赴俄罗斯游客数量超过 200 万人次，在俄罗斯入境客源国家中排名第一，俄罗斯来华游客也超过 240 万人次。中国和印度双向人员交流已突破 100 万人次。金砖国家间旅游合作也从市场扩展到投资、金融、人力资源培训和技术交流等多个领域。

在新的“金色十年”，要使金砖文化和旅游合作交流的成色更足，质量更高，发展动力更强劲，需要坚持开放包容、合作共赢的金砖精神，还需要坚持创新，进一步扩展合作领域、丰富合作内容、优化合作机制，积极探索更有成效的合作模式。

可以说，金砖国家间的旅游合作机制日趋完善，游客往来不断，产业交往密切，在生动演绎和讲述金砖故事的同时，还有效地强化了人民间的理解

---

① 资料来源：文化和旅游部官网。

和信任，夯实了金砖合作的民意及社会基础，已成为金砖人文交流的关键支柱。同时，也必须强调，为人民谋幸福、为世界谋发展是金砖文化和旅游合作的根本目标。以此观之，未来的金砖国家文化和旅游合作将更加强调开放包容。不仅有文化和旅游的核心领域，还要促进文明层面交流互鉴，包括体现在语言、工具、文字、信仰以及民族和宗教观念等要素上的人文精神、发明创造以及习俗等。例如，强化“金砖＋”，将“宜融则融，能融尽融，以文塑旅，以旅彰文”理念扩展和应用到文明交流互鉴全领域和全过程。从文化和旅游角度探讨和推动金砖国家间经济、政治、贸易、财政、金融、安全、教育、环保、科技、卫生、青年、体育、媒体等方面的交流合作。又如，会更重视人工智能、5G、虚拟现实、云计算等前沿科技在文化与旅游领域的应用。用先进适用经济的技术推进金砖国家间的旅游便利化水平，在简化签证手续、缩短签证时间、减少签证费用、提升多语言支持和改善支付条件等方面更多应用先进技术。

二、新时代对金砖旅游合作的新要求

面临百年未有之大变局，金砖国家只有密切沟通协调，加强合作，维护新兴市场和发展中国家共同利益，发出响亮明确的声音，才有可能应对更加严峻复杂的风险和挑战。文化和旅游领域的交流合作同样如此。怎样在新的“金色十年”充分释放旅游业潜力，还需要坚持创新，进一步扩展合作领域、丰富合作内容、优化合作机制，积极探索更有成效的合作模式。

首先，持续提升金砖国家间以签证为主要内容的旅游便利化水平。当前，尽管金砖国家间的签证便利化水平已取得很大进展，但总体来看，金砖国家间的签证便利化程度还有很大的提升空间，未来需要积极推动各国采取简化签证手续、缩短签证时间、减少签证费用等便利化措施，也可以考虑在更大范围内试点落地签乃至免签。除此之外，相互间直航航班的增多加密、免退税政策的优化、语言和支付条件的改善等，都需要进一步完善和提升。

其次，要将旅游领域合作有机地嵌入政治、经济和人文“三轮驱动”合作架构中。金砖国家的合作是全方位的，涉及经济、政治、贸易、财政、金融、文化、安全、教育、环保、科技、卫生、青年、体育、媒体等诸多方面。必须承认，旅游不仅有利于与这些方面相依相融，还能够为这些领域的合作创造适宜的环境并注入有益的动力。未来，旅游业与相关领域的共振、互利、共赢将越来越频繁，需要推动包含文化旅游在内的大人文交流，也要推动文化旅游与其他领域的互补共鸣。这要求金砖国家既构建和优化各层级政府间文化和旅游磋商机制，拓展沟通渠道，提升沟通效能，努力提供日趋完善的政策保障体系和更优越的营商环境，又鼓励社会力量积极参与，在理念交流、经验借鉴、产品开发、市场推广、金融投资、技术创新应用和人才培育等方面充分考虑到不同主体的现实需求，提升其参与度，激发其积极性，从而为文化和旅游合作注入更强劲的发展动能。

最后，通过文化和旅游深度融合激发金砖国家旅游合作的澎湃动力。金砖国家的旅游合作要行稳致远，离不开文化的相知、相通和相融。这里有深挖文化基因，从各国独有的文化资源中吸取力量、获得开发旅游产品灵感的需求，更有金砖国家间文明互补、互鉴的考量。重点是发现发掘金砖国家的优秀文化，讲好金砖精彩故事，供给侧和需求侧同时发力。供给方面，树立宣传推广也是文旅产品的理念，通过文化元素的引入展现真实、立体的金砖全貌，促进心灵相通，凸显金砖精神主旋律，树立金砖整体和成员国家的良好旅游形象。通过资本、产业和市场合作，推动中国旅游国际竞争力提升。在此框架下精选打磨文旅精品，进一步聚焦文化旅游、演艺娱乐、工艺美术、创意设计、数字文化等领域，挖掘具有地域特色和民族特点的文化旅游项目，初步构建 IP 库和文化旅游项目库。需求方面，要创新推广体系，加强政府、企业和专业机构的联动，在整体市场评估、细分市场选择、市场工具选用等方面突出文旅融合的作用。如在旅游市场开发中突出文艺演出、专题展览、文化论坛、艺术研讨会以及电影展映等文化交流活动，以求开拓新的市场空间，吸引流量、扩大影响。

三、金砖旅游合作展望

未来的金砖旅游合作，绝不是局限于金砖成员国，而应该是开放的朋友圈。只要认同“开放透明、团结互助、深化合作、共谋发展原则”和“开放、包容、合作、共赢”的金砖国家精神，就应该有机会参与到未来“金砖 +”国家间游客互送、产品开发、市场规范、设施完善及品质提升为主要内容的旅游合作中。“一带一路”倡议落实中的旅游合作以及中国与非洲的旅游合作，也应该有机会纳入或对接金砖平台上。金砖国家文化和旅游交流将会在消除世界治理赤字、发展赤字和信任赤字等方面有新作为，在促进“一带一路”高质量发展方面有新突破，也会在构建开放包容、创新增长、互联互通、合作共赢的亚太命运共同体上乃至人类命运共同体上有新进展。在这一过程中，期待能够看到更多的国家和地区加入，出现更多成功经验的借鉴交流，提出更多契合国际社会期待、符合各方共同利益的方案。这些都需要我们未雨绸缪，及时进行相关机制、政策、规范和标准的储备和研究。

| 第四章 |

多双边旅游交流合作

第一节　中日韩旅游交流合作

一、中日韩旅游交流合作概况

自 2006 年第一届中日韩旅游部长会议举办以来，中日韩旅游合作不断深化。在旅游便利化持续推进和三国旅游合作日益深化的大背景下，三国人员交流规模接近倍增，中国已成为日本和韩国第一大客源国，而日本、韩国也是中国重要的客源国，三国互为重要的旅游客源地和目的地。中国、日本、韩国三国游客流动规模大、活跃程度高、客源相互依存，相互间的旅游发展你中有我、我中有你，为未来的合作升级提供了稳固的基础。当前，三国旅游合作的重点正在从重数量规模向重服务品质转变。

当前，中国、日本、韩国三国旅游交流与合作已经有了比较系统的机制保障。中日韩旅游部长会议与中日韩文化部长会议同为 21 个部长级会议机制，在历次会议上都提出要重视文化和旅游融合。在哈尔滨召开的第十次中日韩文化部长会议通过了《中日韩文化部长会议——哈尔滨行动计划（2018 年至 2020 年）》，提出三国共同合作，积极促进文化与旅游融合发展。弘扬东亚文明经典将成为未来中日韩旅游合作的突出特征。以文化和旅游的真融合、深融合推动形成旅游发展新优势，而东亚文化独特魅力和整体优势的发挥也有利于吸引更多东亚地区以外的游客到访。

2018 年，第八届中日韩旅游部长会议在苏州召开，三国共同发表了《第八届中日韩旅游部长会议苏州宣言》（以下简称《宣言》），明确未来三国文化旅游合作的框架内容及目标，就进一步深化三国旅游交流合作达成共识。

《宣言》提出，提升旅游交流品质；挖掘旅游产品的文化内涵，增进人文交流与合作；提升人员、区域往来便利性；共同促进东北亚区域旅游合作健康和可持续发展等内容。

二、日常旅游目的地建设

中日韩三国游客流动的规模大，活跃程度高，客源相互依存，热络的旅游交流与合作也为未来的合作提供了稳固的基础。提升中日韩旅游合作的关键是充分发挥近程优势，争取互相成为日常旅游目的地。事实上，当前中国的“周末出境游”就可以看作日常旅游目的地的雏形。已经有中国游客利用周末的短暂时间访问日本和韩国。不过，大部分旅游目的地还是不能够吸引境外游客的日常随心到访。毕竟，当前签证、交通和相互间的认可了解都是现实问题。反过来，这也为我们提出了未来行动的方向：区域内游客的出访成本大幅削减，相应产品线更为丰富，目的地服务更为周到细致，各国居民间的互访就像日常走亲访友一般自在。

（一）日常旅游目的地特征

成为日常旅游目的地，也就意味着游客常来，吸引物常新，主客之间有着更为密切的联系，将近距离优势认识足、利用好。这首先体现在来往障碍的消除上。签证是一个大关。所幸中日韩之间的签证环境已经有明显的改善，2003 年 9 月 15 日开始，中国对持普通护照访华的日本游客给予 15 天以内免签入境待遇。海南岛对包括日本在内的 26 个国家公民实行 15 日以内落地免签政策。2015 年 1 月 19 日，日本也放宽了对华个人游客 3 年多次往返签证的申请条件，并针对高收入人群，新增了有效期为 5 年的多次往返签证。日本对中国修学旅游团队实施 30 天的免签证政策。对行程中有冲绳和东北三县（福岛、宫城、宫城）的游客签发多次往返签证。还可以期待未来包含中日两国在内的东北亚地区间有更多的签证便利化的措施，让签证问题不再是费时费力的问题选项，才能使日常旅游目的地成为现实。

中日韩频繁密切的文化经济交流是日常旅游目的地的基础。以中日交流为例，对于日本游客来讲，与中国的联系也萦绕千年。不仅渴望体验中国的文化、山川和美食，由于越来越频密的经济交流。会议商务的客人开始占据重要的位置。对于客源地，应该更多地创造友善亲近的气氛，使客源地与目的地之间不仅空间相近、心理相通，而且情感相亲、利益相关。只有这样才能充分发挥地缘相近、文缘相合的优势，才能使得潜在的客源成为现实的市场。2015 年 5 月，二阶俊博先生率 3000 人大型旅游代表团“日中观光文化交流团”访华，得到了习近平主席的亲切接见，对促进中日友好交流和旅游合作具有很大意义。

成为日常旅游目的地，还需要产业上和投资上的深度合作。中日韩互为重要的旅游目的地国和客源地国，但这只是旅游市场层面的交往，从旅游产业方面来说，深化交流合作的空间还很大，相互投资和经验借鉴都是值得重视的领域。未来彼此间需要简化投资审批与许可程序。放宽高级管理人员、导游、专业厨师等旅游相关工作人员的签证要求。

（二）日常目的地建设的关键

实际上，东北亚地区建设日常旅游目的地的核心是从整体上看待东北亚区域的旅游，从而实现整个区域的整体共振。这种共振不仅仅体现在整个区域作为一个整体，突破国家间的障碍，在签证、航权、市场互换等方面持续的取得实质性优化，还体现在与世界其他区域争取客源的过程中能够更好地整合资源，获取更大的竞争优势。自 2006 年起建立的中日韩三国旅游部长会议机制，在拓宽三国旅游交流合作领域、深化合作关系、丰富合作内涵等方面就发挥了重要作用。旅游已成为联系三国人民友谊的重要纽带，成为促进三国经贸往来和社会发展的重要引擎。

（三）未来的方向

未来需要打造更高质量的旅游目的地、产品和服务，这需要政府和业界共同发力。政府提供高水平的公共服务，业界提供高水平的旅游产品。一方面，三国政府层面需要联手规范跨境旅游市场环境，加强监管合作，推进建立旅游投诉及纠纷处理协作机制，快速有效地解决旅游纠纷。建立跨国旅游安全保障体系，在应对公共危机事件时相互配合，把握市场动向，分享规范研学、民宿、自驾车等市场管理经验。同时出台更多便利化措施，让签证、航班和消费结算等不再费时费力。另一方面，三国旅游业界在开发、销售常规旅游产品的同时，需要有更多创新精神，开发新的旅游产品，提供新的旅游服务。当前巨大的市场规模和日益宽松的合作环境为三国旅游业界产业创新提供了可能。这里有对旅游资源的认识更新，如文化（包括影视、动漫、时装、饮食）、医疗、体育等各类旅游资源的合作开发和利用；也有金融力量广泛参与带来的充沛动力，如创新旅游企业孵化和保险产品对旅游业的支撑；还有新技术引进带来的产业升级换代契机，如移动互联网、大数据以及物联网等先进技术与旅游业的融合。

在未来，需要更加细致地消解出游障碍。包括促进一揽子便利化政策深化。提升文化、航空、交通、海洋、外交、边境管理等多部门间的交流与合作，分区域分步骤推进免签、免税、航权开放、自然人移动、资本准入等诸多便利化措施。争取让彼此普通游客也能享受免签政策。推动出入境和安检手续的简化，缩短游客通关等候时间，增加消费和购物时间。

这包括更加人性化、更加便捷的交通环境，有效扩大彼此二、三线城市间的合作。东北亚区域内不少城市间空中距离比国内航线还短，要继续推动增加重点集散地城市间增加航线、航班，争取更多二、三线城市间开通空中和水上航线，支持和鼓励企业开展旅游包机业务，让区域内游客互访更直接、更方便。

在未来，要注意心理障碍的消解。这需要高水平、大规模、常态化和高渗透的文化交往，以消解心理障碍，推动各方以更开放、平和的心态相互了解。丰厚的文化内涵同时也是旅游产品开发的创新源泉。让旅游客群真切感受期待中的目的地不仅是历史的，也是现代的；不仅是当地居民的故乡，也是到访游客休闲度假的美好乐园；进而使得中日韩相互全方位地分享丰富多彩的生活方式。

同时要为相互间游客提供更友善的舆论氛围和更友善的环境。特别是要善于利用广播、电视、报纸等媒体和微博、微信等社交网络，用双方老百姓的日常语言来叙说对方游客特别是年轻人群体感兴趣的事情。把旅游的宣传推广到民间去，给游客最需要的信息。

无论从哪个方面看，中日韩旅游合作都是世界旅游发展格局的重要一环，中日韩旅游合作积累的经验也将成为世界旅游发展的重要组成部分。通过文化和旅游的高水平融合，提升区域层面高品质旅游体验，将是中日韩三国对世界旅游业发展的重大贡献。

第二节　中国与东盟国家的旅游交流合作

一、中国与东盟国家的旅游交往特征

（一）与东盟国家旅游交流合作较早

中国与东盟的旅游交往由来已久，常常领风气之先。在中国的出境旅游还是奢侈品的20世纪80年代，泰国等东盟国家就表现出充分的想象力，对中国的出境市场充满信心，促成了两国在出境旅游的深度合作，泰国也在1988年成为中国的第一批出境旅游目的地国家。随后，新加坡和马来西亚在1990年成为中国的第二批出境旅游目的地。其他东盟国家也在2000年前后基本上成为中国出境旅游目的地。签证问题解决了，再加上地域相连，文化相通，中国游客赴东盟旅游很快普及开，中国游客访问东盟国家成为日常事件，想象成为现实，往往去一次不够，多次访问成为常态。我国出境旅游的大众化在东盟目的地上表现得分外明显。"新马泰"这个词也成为我国出境旅游发展历史上极具历史意义的词。

（二）互为重要客源地和目的地

当前，中国访问东盟国家游客已经占中国出境旅游总人数的1/3，与东北亚地区的日本、韩国、俄罗斯鼎足而立。在排名前十的中国出境目的地国家中，东盟国家就占据半壁江山，分别是泰国、越南、新加坡、印度尼西亚和马来西亚。其中泰国和越南表现得更为突出，访问泰国的中国游客的数量和增长率都排名第一。在入境方面，东盟国家对中国的意义重大，向来是中国重要的客源地。当前，越南、马来西亚、菲律宾和新加坡位列中国入境客源地前十，占入境份额10%以上。中国与东盟的旅游交往规模大，发展速度快，客源相互依存，未来前景可期，这些都为未来的合作打下了稳固的基础。

多元化资源组合将继续成就中国和东盟的深度旅游合作，刷新想象空间。中国和东盟国家有都有广阔的空间、美丽的自然风光和丰厚的人文底蕴，中国和东盟国家海陆相连，有着多种边境旅游合作可能。中国和东盟在资金、技术和发展旅游的经验上都有着自己独特的经验，可以相互借鉴学习，形成更优化的产业合作模式。中国和东盟在气候产品、休闲度假产品、特色产品

和目的地建设上也有着更多的合作空间。

（三）中国与东盟国家的旅游合作已初成系统

有中国与东盟间的合作，也有扩展包括日本、韩国的“10 + 3”旅游部长会议。从2002年起，每年在召开东盟旅游部长会议和东盟旅游论坛会议的同时，举行东盟与中国、日本、韩国“10 + 3”旅游部长会议，加强东盟与中国、日本、韩国旅游领域的合作。形成了“10 + 3”的旅游合作合作模式。

有澜沧江—湄公河次区域旅游合作。这个是1992年由亚洲开发银行倡议发起并形成，湄公河流域相关国家在亚洲开发银行的支持下，提出了旅游产业为合作先导的设想，并提出了推进旅游合作的措施。

也有中国与具体东盟国家的旅游合作。中国与东盟十国陆续签署了有关推进双边旅游合作的协定、协议、谅解备忘录。比如2000年8月21日中国、泰国、新加坡、马来西亚四国旅游部长会议在昆明召开，签署了《四国联合治理区域旅游市场部长级会议纪要》，对零团费等出境旅游市场上的不规范行为进行了联合整顿，有效规范了旅游市场。近期泰国旅游业代表访问中国，也就整治市场交换了意见。

到现在为止，已经形成了较有系统的旅游合作框架体系，在这个支撑下，中国与东盟的旅游合作有了更多的确定性。未来需要拓宽双方旅游交流合作领域、深化合作关系、丰富合作内涵。在签证、航权、市场互换等方面持续取得更大的实质性进展，促进一揽子便利化政策深化。

二、未来需要打开更多的想象空间

积极的想象贯穿着中国与东盟的旅游合作，实际上是推动双方旅游业的重要力量。从双边的经贸增长到积极的文化交流，从便利化政策的创新到新产品的开发推广，从商业模式变革到新技术的应用，这些都为想象成为现实提供了宝贵的机遇。过去是这样，现在是这样，未来也会是这样。中国和东盟的旅游交流合作依然处于勇敢想象，有效实现的重要时期。随着中国旅游产品的更新换代，促销方式更富效率，特别是全域旅游实践的深化，沿边开发开放政策的落地，过境免签政策以及离境退税政策的推广和成熟，也会吸引更多东盟国家的游客访问中国。中国和东盟旅游交往的倍增应该存在于我们的想象之中。

有了想象，更重要的是想象的实现和落地。这不仅仅要有乐观的预期和雄心壮志，更需要脚踏实地的稳步努力。需要我们从长远战略的角度加深中国—东盟的旅游合作，密切区域间旅游联系，消减旅游合作的障碍，更有效地释放旅游合作的动力。

（一）推动政策落地

近年来，中国提出了“丝绸之路”经济带、“海上丝绸之路”、亚洲基础设施投资银行、孟中印缅经济走廊等国家层面的战略构想，这应该在中国与东盟国家的旅游合作中进一步落实。这包括完善连接中国与东盟国家的机场、港口、高铁、车站、公路、服务区等基础设施；包括加密空中航线、海上航线和陆地交通；也包括开发旅游新产品，扩大旅游交往规模提升旅游业的影响力。这些都需要提升文化、航空、交通、海洋、外交、边境管理等多部门间的交流与合作，分区域、分步骤推进免签、免税、航权开放等诸多便利化措施。争取让彼此普通游客也能享受免签政策。推动出入境和安检手续的简化，缩短游客通关等候时间，增加消费和购物时间。在与世界其他区域争取客源的过程中能够更好地整合资源，获取更大的竞争优势。

（二）更多地注重细节

与东北亚旅游合作类似，建设日常旅游目的地是方向。为实现这一点，多双边旅游投资的环境应该得到全方位的优化，利用市场力量推动区域内的旅游合作。这不仅仅意味着放宽自然人移动、资本准入的限制，更体现在对资本和技术结合的尊重上。在中国，线上和线下的结合已经成为主流，传统的中国国旅、中国中旅、中青旅等传统的旅行社向线上渗透，携程、去哪儿、蚂蜂窝、同程、途牛等一批面向自由行客人的在线旅行商也认识到线下机构在塑造品牌方面的重要性。线上、线下的结合为自由行旅游者创造了便利，同样也成为想象实现的加速器。机票、酒店的选择是自助，景区、主题公园、酒店、温泉、民宿等目的地服务的选择也是自助，想走就走，走得放心成为更多人真实的体验。

中国与东盟的旅游合作不仅仅关乎中国和东盟，也影响着世界。复杂的合作条件，大规模的合作现实都在提醒我们这是历史性的事件。想象与现实之间的距离其实并不遥远，阶段性的成就也是可以期待的。重要的是大家敢于想象，敢于实现。

第三节　中国与太平洋岛国的旅游交流合作

一、旅游交流合作现状

2019 年“中国—太平洋岛国旅游年”在萨摩亚首都阿皮亚开幕，表明中国与太平洋岛国的旅游交流合作进一步加深。

南太平洋地区海洋资源丰富，旅游业发展条件得天独厚。多数太平洋岛国将旅游业视为支柱产业，积极开拓国际旅游市场，推动国际旅游交流合作。南太旅游组织（原名“太平洋旅游理事会”）成立于 1986 年，中国于 2004 年 4 月加入该组织，成为其第 13 个正式成员和本地区之外的第一个区域外大国成员。2005 年 5 月，斐济和瓦鲁阿图成为我国正式开展组团业务的出境旅游目的地国家。随后，汤加、法属波利尼西亚、巴布亚新几内亚、密克罗尼西亚、萨摩亚和法属新喀里多尼亚陆续成为我国正式开展组团业务的出境旅游目的地国家或地区。

截至 2018 年，与中国建交的 8 个太平洋岛国均在签证便利化方面取得了重大进展。2018 年，中国赴太平洋岛国游客约 15 万人次，较 2011 年增加了将近 4 倍，在份额上仅次于澳大利亚、新西兰、美国和欧洲，高于日本和英国，未来，有望成为太平洋岛国第三大国际旅游市场。①

可以预期，“中国—太平洋岛国旅游年”的举办有益于人类命运共同体建设，是促进中国与南太平洋地区民心相通、共同发展的新契机，能够切实提升中国与太平洋岛国的双向旅游交流水平，有效增进双方对彼此文化的理解和包容。

二、未来的方向

为充分释放各自旅游业潜能，双方要在文明互鉴、经验共享和合作模式创新优化等诸多方面有更多作为。

---

① 资料来源：太平洋岛国旅游组织（SPTO）。

（一）优化文化和旅游合作机制

不仅要深度参与南太旅游组织活动，还要与太平洋岛国建立文化和旅游领域形式多样、高效务实的定期互访制度和文化旅游联席会议制度。研究制定旨在推动中国与太平洋岛国旅游交流与合作的主要内容与相关举措。同时，加强民间交流合作机制，推动包括各成员国智库、旅游协会以及旅游企业的常态化交流机制。在合作方式上，从教育、卫生、体育、青年、地方、人力资源培训等方面探索“旅游/文化+”的合作模式，推动双方密切合作，照顾各方关切、共享合作利益。

（二）提升中国与太平洋岛国的旅游便利化水平

以共建“一带一路”为依托，探讨中国同岛国、各个岛国之间以及岛国同世界其他国家加强文化旅游联系和互联互通的创新路径。目前，中国前往太平洋岛国的签证便利化水平已有较大提升，但是由于缺少直航航线，大部分游客需要从澳大利亚或新西兰中转，由此，需提前获取相应签证方能成行。建议有关方面积极行动，在签证便利化和交通便利化方面有更多作为，寻求在太平洋岛国内部实现一体化签证的可能性。同时，增设直航航班，完善相应基础设施以提高旅游接待能力。优化语言环境，推进“欢迎中国”等旅游便利认证落地。在及时交换旅游危机管理与应急信息的基础上，向游客发布旅行安全警示，完善安全支撑体系，为游客提供安全保障。以现代化信息和远程信息技术专门工作小组为依托，开展旅游跨国信息共享平台项目建设，构筑旅游咨询、旅游投资项目等信息发布的公共平台。

（三）创新文化和旅游合作方式

文化使旅游的品质得到提升，旅游使文化得以广泛传播。无论是人民交往还是产业创新，无论是目的地开发还是旅游吸引物打造，旅游和文化深度融合都是未来中国与太平洋岛国深化合作的基础。在拓展双方旅游市场、开发旅游产品的过程中，既要从双方多元化文化中吸取力量、获得灵感，也要依托客源市场的文化基底，从可接受性乃至文明互鉴、互补的角度提升旅游交流合作水平。在推动双方文化交流传播和开展文化贸易的过程中，要同时考虑旅游因素的嵌入和支撑。在环境营造层面，要争取在监管工作机制、投诉处理机制、标准体系、从业资格互认、宣传引导机制、资源调配和授权获取等方面突出文化和旅游融合的内容。在产业合作层面，将中国与太平洋岛国的合作纳入《“一带一路”文化发展行动计划（2016—2020年）》和《“一带一路”旅游合作成都倡议》的落实中，探索文化旅游、演艺娱乐、工艺美术、创意设计、数字文化等领域合作的可能性，创新开发具有地域特色和民族特点的文化旅游项目，重点关注海洋旅游、文化旅游、休闲度假等方面的互学互鉴。

（四）构建旅游教育支撑体系

推动中国与太平洋岛国本土旅游人才培养合作，特别是紧缺的旅游翻译和旅游管理方面的人才。开展各类培训、研习、实习及企业短期专业训练，促进各国相互承认学分、学历；开展互派留学生等工作，培养应用型国际化人才，重视扩大青少年之间的友好交流；以论坛等形式推进各国旅游研究机构的交流，通过设立科研基金，支持针对中国与太平洋岛国旅游合作的专项研究；在设立职业资格认证标准的基础上，推动旅游行业经营、管理人才以及导游、厨师、服务员等专业技术人才的相互引进。

第四节　中国与俄罗斯旅游交流合作

一、中国与俄罗斯旅游交流合作的历史和现状

（一）合作机制

中国与俄罗斯两国互为最大邻国，旅游资源丰富多彩，文化悠久灿烂，这些都为两国旅游交流合作提供了必要前提。1992年12月，俄罗斯与我国签订了《中华人民共和国政府与俄罗斯联邦政府关于互免团体旅游签证的协定》，2000年中俄就重新签订《中俄互免团体旅游签证协定》达成共识，国内19个省区均可以办理俄罗斯团体免签，至此，俄罗斯市场一直保持较为稳定的增长。2011年中俄两国签署的旅游合作协定和旅游保险问题备忘录为两国的旅游合作提供了坚实的法律基础。2012年和2013年两国互办“旅游年”重点突出旅游主题，使旅游交流合作成为两国之间的重要战略。随着中俄全面战略协作伙伴关系的建立和日益稳固，中俄旅游交流合作的前景更为广阔。在中俄政治合作机制方面，先后建立起两国政府间常设委员会、战略对话和总理对话论坛等机制，为旅游合作创造了良好条件和氛围。需要注意的是，

两国政府的人文合作委员会发挥了积极作用。通过“国家年”“俄语年”“汉语年”“旅游年”框架下的机制化活动，推动了双方旅游合作的深化。通过直接与旅游相关的机制化合作，直接推动了两国旅游合作。

中俄不仅在联合国、上海合作组织等多边框架内加强了旅游磋商，而且在双边旅游交流上成立了机制性的高层交流方式。两国先后举行了中俄人文合作委员会旅游分委会会议、中俄旅游安全磋商、中俄旅游教育论坛和中俄地区旅游合作交流会议等活动，有力促进了两国旅游合作的深化和发展。

2019 年，国家主席习近平在俄罗斯进行国事访问期间，与普京总统在莫斯科共同签署《中华人民共和国和俄罗斯联邦关于发展新时代全面战略协作伙伴关系的联合声明》，提出促进两国国家旅游部门协作，采取措施简化旅行手续，推动落实扩大双向旅游交流的措施，提升旅游服务质量和安全性，鼓励拓展旅游新形式，包括北极旅游、汽车旅游、主题旅游等。重点推动两国主管部门合作，协调管理旅游市场，保护游客合法权益。

目前，中俄全面战略协作伙伴关系已提升到前所未有的战略高度，新时代中俄关系的互信基石，离不开旅游的更广、更深参与。当下，中俄互为具有战略意义的客源地和目的地。规模巨大、日益密切且前景光明的旅游交流，为强化两国旅游合作提供了良好的市场和产业保障。中国是俄罗斯的最大入境客源国，2018 年，中国赴俄罗斯游客数量逾 200 万人次，俄罗斯来华游客接近 250 万人次，在中国重要入境客源国中居于前列。双方大规模、面对面的旅游交流是中俄人文交流的关键支柱，成为民间友好交流、文明互鉴和民心相通的重要组成部分，有效地强化了人民间的理解和信任，夯实了传承世代友好的民意及社会基础。

（二）地方旅游合作

中俄地方层面的旅游合作在友好省州、城市关系和产业合作的依托下，已经呈现合作地域和合作领域多维度拓展的良好势头。在合作地域上，中国中东部地区、俄罗斯欧洲部分越来越多地参与到中俄地方旅游合作中，“由点成面、由面成片”的趋势分外明显。在合作领域上，既有市场合作，又有产业合作，酒店建设、景区打造、目的地开发、智慧旅游、旅游装备制造等旅游投资活动在日益改善的投资环境下日渐频繁。

二、未来交流合作展望

（一）更高水平的旅游部门协作

当前中俄两国已经构建了旅游部长会议、红色旅游工作协调小组、人文委员会等多个平台，形成了与之相关的备忘录、会议纪要等合作成果体系。新时代，中俄旅游合作具有重要意义，需要通过进一步提升战略合作水平，进行常态化、机制化的政策协调和磋商，加强双方在上合组织、金砖国家和二十国集团等重要机制框架下的沟通配合。中俄要在推动“一带一路”倡议落实乃至人类命运共同体建设进程中为世界提供更多旅游合作的成功范例，在推进旅游便利化、规范旅游市场和促进旅游投资等诸多方面贡献更多的“中俄智慧”。

（二）更高水平的旅游便利化

早在 2012 年，中俄双方就签署了团队游互免签证协议。根据协议，两国公民可以通过团队旅游方式免签证前往对方国家旅游。近年来，中俄双方在团队规模、停留时间和办理手续简化方面都有新进展，但总体来看，两国间的旅行手续简化还有不小提升空间，未来需要积极推动两国采取降低门槛、简化手续、缩短办理时间等便利化措施，积极探索非团队旅游免签的可能性。除此之外，相互间直航航班的增多加密、衔接交通网络的完善、免退税政策的优化、语言环境和支付条件的改善等诸多领域都需要进一步完善和提升。

（三）更高水平的旅游服务质量和更充分的安全保障

相关部门要提供更完善、及时、充分的公共服务，在基础设施建设、市场秩序维护、游客利益保障、标准互认、旅游安全保障、技术交流和对接落地等方面下功夫。在旅游安全保障上，要加大对以“三股势力”为主的跨国有组织犯罪的打击力度。在及时交换旅游危机管理与应急信息的基础上，向游客发布旅行安全警示，广泛吸纳双方市场和社会力量参与，为双方游客提供更加充分的安全保障。

（四）更高水平的产品开发模式创新

按照旅游融合发展，特别是文旅融合的思路开发高质量旅游产品。这需要深挖文化基因，从两国独有的文化资源中吸取力量，获得开发旅游产品灵感的需求，通过资本、产业和市场合作，聚焦文化旅游、演艺娱乐、工艺美术、创意设计、数字文化等领域，挖掘具有中俄地域特色和民族特点的文化旅游项目，初步构建两国IP库和文化旅游项目库。两国还要重点关注冰雪旅游、避暑旅游、研学旅游、婚尚旅游、夜间旅游等分众市场，开发高质量旅游产品。两国要进一步探索联合制定具有操作性的北极旅游规范，积极开发北极旅游，将扩大北极航道开发利用以及北极地区科研、基础设施、资源开发、生态环保等领域合作与旅游开发结合起来。要推动中俄开发和优化跨国自驾游线路，制定双方认可，包含服务区、移动通信与互联网、房车宿营地、汽车旅馆、旅游咨询中心、集散中心、餐饮服务和安全救援等内容的汽车旅游规划和相关一揽子标准，强化中俄汽车旅游的安全和通畅性。

（五）更高水平的执行效率和执行质量

这意味着两国工作层面的合作机制优化要尽快摆上日程，中央和地方的合作机制构建都需要加强，以求实现双方的常态化有效沟通。在实施方案中，应包括日常协调机制的完善、行政官员与专家技术团队的配合、突发事件处理和长远目标达成的资源分配、大数据与人工智能等新技术的引进和利用等。在实施方案制定过程中，要更多采用试验、试点以及重点突破的思路，充分考虑两国旅游业发展的实际情况，重视可落地的条件匹配。可考虑通过跨境旅游合作区和边境旅游试验区的“两区”建设，积极推动中俄旅游合作。

（六）更高水平的地方参与和协同

这意味着持续构建中俄地方旅游合作常态化机制、持续创新中俄地方旅游合作市场化模式和持续优化和均衡中俄旅游客源和目的地的分布。在机制方面，需要梳理已有机制、平台，明确其未来工作的侧重点。中俄双方积极协商，就地方旅游合作提出指导性意见，既宣示中俄地方旅游合作的战略性、长期性和全局性，又明确国家和地方在合作中的权利、责任和义务。建立或完善国家和地方层面的定期互访制度和联席会议制度等机制。推动建立中俄旅游研究机构、旅游协会以及旅游企业常态化交流机制。推动中俄跨境旅游合作区和边境旅游实验区建立对话机制，在旅游便利化和投资便利化等方面有更多作为。在模式创新方面，未来中俄地方旅游合作应呈现百花齐放、领域丰富和业态多元的局面。可以筛选中俄地方的比较优势，按照“旅游+”和产业融合思路提出产业合作方向，提升优化旅游合作。如友城间联合制定旅游合作规划，发布产业目录。在金融领域，鼓励和推动金融机构开展业务创新，探索发行旅游发展债券、提供跨国并购贷款等，为地方旅游项目建设等提供融资便利。共享旅游项目投资信息，引导社会资金投向，争取基础设施建设、产业合作等领域的投融资支持。在旅游投资及产业开发中进一步明确界定自然、民俗旅游资源、历史文化及非物质文化旅游资源等产权，并对各种旅游资源进行资产评估，以资源入股方式参与旅游开发以及利益分配，协调参与主体间的利益平衡。在合作区域优化方面，未来可考虑秉承更加开放的原则，突破边境区域的限制，寻求其他区域有兴趣且有能力的合作领域。预留产业和投资接口，探索更大区域、更大范围、更多模式的旅游合作。与中国“一带一路”倡议落实和“万里茶道”旅游合作结合起来，相互借力，共同提升中俄地方合作水平。

第五节　中国与尼泊尔的旅游交流合作

一、中国与尼泊尔旅游交流合作概况

旅游合作是中国与尼泊尔人文合作的重要组成部分。文化、教育、地方等领域的交流与旅游交流交织、互补和融合使两国人民的交往日益频繁，增进了中尼两国人民的了解。“中国节”与“中国教育展”的连续成功举办，友好城市的缔结，都有益于两国旅游交流合作进一步深入。这种有益影响既表现在市场开拓上，也体现在产业供给的完善升级上。用“中国语言讲述尼泊尔故事”和“用尼泊尔语言讲述中国故事”，在市场与产品对接和人力资源培育上注重文化的日常交流和深度认知，已经成为两国旅游业交流合作的常态。同样，文化、教育和地方交流合作也得益于双方旅游交流合作带来的灵感和动力。每年超过 30 万人次人员往来促进了两国人民的深入了解，让两国人民能够更自如也更从容地从对方的背景和视角去认同和包容文化，并从中找到宝贵的发展机会。

中国与尼泊尔旅游合作已经有良好基础。这既有政策的助力，也有市场和产业的稳固支撑。2002 年，尼泊尔全面开展中国公民出境旅游目的地业务。中国与尼泊尔签署的 2012 年和 2019 年联合公报，都将旅游作为两国合作的重要内容。2009 年，两国建立了青年交流机制。2017 年 5 月，中国与尼

泊尔签署“一带一路”合作备忘录，这些都为两国在“一带一路”倡议下深化旅游合作提供了前提。尼泊尔拥有独特的历史文化和自然风光，对中国游客有强烈的吸引力。尼泊尔对中国游客开放落地签，已经开通成都、拉萨、昆明、广州、西安、香港至加德满都往返航线，旅游便利化程度不断提升。有利因素的叠加使中国稳居尼泊尔第二大入境客源国，也是尼泊尔增长最快的客源国。2018 年超过 15 万人次的中国游客到访尼泊尔，同比增长接近 50%。

显然，中尼旅游交流合作在理念共识、制度框架、旅游便利化、互联互通和人力储备等方面拥有良好的基础，习近平主席对尼泊尔访问圆满成功将使两国旅游合作获得更加广阔的发展空间。

二、中尼旅游交流合作展望

（一）凸显文化和旅游的互补融合

佛陀诞生地兰毗尼、加德满都谷地和博卡拉是尼泊尔珍贵的遗产地，中国更具有世界最多的世界文化遗产和丰富的保护利用经验。要推动建立包括非物质文化遗产在内的中尼文化旅游资源交流与合作机制，形成文化遗产保护和全域旅游发展经验推广的联动和互补；积极建立整合中尼文化旅游数据库，打造共享的公共数字支撑平台。共同谋划“2020 尼泊尔旅游年”“中国节”等人文交流平台；共商、共建或引进更多指向性强、易落地的论坛、文化和旅游交易会、艺术节、博览会和文化展览；将中尼旅游产品开发和旅游推广宣传结合起来，让文化使者成为旅游形象大使，让艺术创作为文创旅游产品开发提供资源，让文化创意、精品民宿成为重要旅游吸引物。两国还可以探索联合开发“一地一品”“一村一品”“一家一品”的特色旅游商品和旅游产品。依托地方特色文化资源，打通需求与供给，配套必要的智力和金融支持，在文化旅游产品、山地旅游产品和生态旅游产品上加大创新力度。

（二）依托“一带一路”倡议带来的发展机遇

“一带一路”倡议的实施对整个喜马拉雅地区具有重要的现实意义。旅游业发展需要克服基础设施落后、资源保护投入不足、人力资源有限、安全保障不足等短板，“一带一路”倡议的全面落实有助于这些问题逐步解决。当前在“一带一路”倡议支持下，中国与尼泊尔已经初步建设成以公路、铁路、口岸、航空、通信为连接的跨喜马拉雅立体互联互通网络，为旅游开发创造了良好条件。未来，中尼两国可以考虑以“一带一路”为依托，设立开放的喜马拉雅旅游发展共同体计划。在目的地建设、旅游产品开发、旅游市场推广、旅游要素配套、脱贫减贫和开发经验互鉴等方面构建示范项目，同时为新伙伴加入提供有利条件。近期也可以在完善整个区域基础设施上充分考虑旅游开发和环境保护需求，以文化旅游、演艺娱乐、工艺美术、创意设计、数字文化为重点领域，中尼两国率先创建喜马拉雅区域旅游产业发展目录，初步构建喜马拉雅文旅 IP 库和文旅项目库，在征集发布、宣传推介、融资洽谈、对接落地等方面有所突破，形成示范。

（三）创新旅游合作模式

可以考虑秉承更加开放的原则，以构建人类命运共同体为指引，探索更大区域、更大范围、更多包容和更多模式的旅游合作，全面提升喜马拉雅区域的人文交流与旅游合作水平。可以预期，未来中尼两国全方位、多领域合作的系统推进将为整个喜马拉雅区域旅游合作带来全新动力。

第五章
边境旅游合作

第一节　政策创新探索

一、对开展边境旅游基本环境的认识

《国语·楚语上》对边境有“夫边境者，国之尾也”的论述。确实，边境地区一般远离国家的政治、经济和文化中心，是国家版图的末梢，发展程度往往与同等自然环境的国内其他地区有显著差异。传统的边界理论认为，国家边界降低或分割了边境地区中心地的“中心性”，使边界两侧经济活动交往的空间与时间距离加大、成本加增，为跨境经济合作带来困难。

是否与邻国加强交流合作，是否在边境地区建设跨境旅游合作区，是否允许邻国居民进入本国边境地区或本国居民进入邻国边境地区从事旅游和贸易活动，主要取决于两国关系的好坏，同时也受到两国经济发展程度、边境文化同源性、自然地理条件等经济、社会、自然因素的制约。

认识边境旅游必须关注边境效应。边境对跨边境行为的影响，这种影响与边境特有的政治、经济、文化、社会等属性密切相关。边境旅游一般在高度敏感的环境中进行，如果还存在恐怖主义和非法移民等问题，会使边境效应对旅游的阻碍作用增强，政府在边境区域的合作可以促进旅游业对边境旅游起积极作用。边境两国的商品和服务价格差异，语言、习俗、艺术差异，过境手续、边境政策、国际环境等都会在一定程度上影响边境旅游的发展。当邻国关系紧张时通常的做法有：关闭口岸、停发入境签证、降低外交等级、切断官方往来、互设贸易障碍，甚至终止贸易往来、陈兵边境或进行军事演

习、宣战等。一旦出现此类情况，跨境旅游活动将即刻中断，边境地区的局势紧张也使得国内边境旅游活动受到严重影响。即使国家间关系修复，也会在相当长的时间内保持对对方的警惕和戒备，经贸交往会在试探中缓步进行，而涉及人员流动的跨境旅游活动则难以得到恢复。

二、障碍因素分析

边境旅游是当前边境地区出入境游客的主要模式，其主要发生地是边境地区。而拥有22800公里内陆边境线，与14个国家接壤，边境城镇星罗棋布的我国边境地区在出入境整体上占比甚少。作为目的地，边境各省区接待入境游客在10%上下，相比良好的地理区位和丰富的旅游资源，成绩并不理想。①

作为客源地，边境地区的客源产出能力更为低下。我国边境地区基本上属于出游力一般地区和出游力弱地区。此种状况的出现固然是市场营销不力、基础设施薄弱等多种因素共同影响的结果，但缺乏战略性旅游吸引物应该是关键因素。

三、边境旅游和边境旅游目的地建设的演进

（一）边境旅游演进

边境旅游与我国的改革开放相伴相生，在相当长的时间里，以商务活动或边民互市贸易为主成为我国边境旅游的显著特征。在此背景下，政府因势利导，加强与沿边各国的协商，构建了边境旅游的制度体系，以旅游为主要或唯一目标的边境旅游的比例也逐渐上升。

1997年10月颁布的《边境旅游暂行管理办法》明确界定了边境旅游，是指经批准的旅行社组织和接待我国及毗邻国家的公民，集体从指定的口岸出入境，在双方政府商定的区域和期限内进行的旅游。

边境贸易、政策创新、产业支撑和城镇发展是中国边境旅游发展的主要动力。20世纪70年代末，在边境贸易推动下，边境旅游快速成长起来。商务指向，人随货走，物流和人流双跨境成为跨境旅游的主旋律。至20世纪

① 资料来源：国务院官网，http：//www. gov. cn/guoqing/index. htm。

80年代后期，原国家旅游局和对外经贸部联合发文《关于拟同意辽宁省试办丹东至新义州自费旅游事》，标志着国家认识到边境旅游的重要性，并力图规范之。此后，黑龙江、辽宁、吉林和内蒙古等与边境贸易密切相关省区的部分边境城市渐次获得开展边境旅游活动的许可。可以说，我国的边境旅游从开展之初就从外贸获取了重要的发展动力，到现在依然如此。随着我国国际交往环境的改善和区域间合作交流的深入，边境旅游迎来了新的发展契机。20世纪90年代初，国务院进一步开放沿边城市，下发了《国务院关于进一步对外开放黑河等四个边境城市的通知》，批准了《边境旅游暂行管理办法》，为边境旅游提供了相对完善的政策支撑和制度框架，有力地促进了边境旅游的成长。2000年实施的《全国兴边富民行动规划纲要（2001－2010）》强调，“充分利用边境地区丰富的自然和人文景观，把旅游业培育成为边境地区发展的重要产业。围绕沿边、沿江以及高原、森林、草原、沙漠等主要旅游线路，加强旅游基础设施建设，重点建设旅游景区的道路，搞好旅游资源的保护与开发。”2010年6月《中共中央　国务院关于深入实施西部大开发战略的若干意见》提出积极建设广西东兴、云南瑞丽、内蒙古满洲里等重点开发开放试验区。2013年12月国务院出台《关于加快沿边地区开发开放的若干意见》，对试验区建设进行了全面部署，提出研究设立广西凭祥、云南勐腊（磨憨）、内蒙古二连浩特、黑龙江绥芬河（东宁）、吉林延吉（长白）、辽宁丹东重点开发开放试验区。2015年12月，国务院下发了《关于支持沿边重点地区开发开放若干政策措施的意见》（以下简称《意见》）指出，提升旅游开放水平，促进边境旅游繁荣发展。包括改革边境旅游管理制度、研究发展跨境旅游合作区、探索建设边境旅游试验区、加强旅游支撑能力建设等4条政策措施。

由于沿边重点地区自然生态、民族文化、异域风情等旅游资源十分丰富，旅游产业又是一个综合性强、关联度大的富民产业，因此，《意见》将旅游产业发展作为沿边重点地区开发、开放的重要突破口，提出研究发展跨境旅游合作区、探索建设边境旅游试验区等特殊方式和政策。我国边境地区的政策创新和开发态势如表5－1所示。

表 5-1　　我国边境地区的政策创新和开发态势

模式	数量	具体内容
重点开发开放试验区	5 个	广西东兴、云南瑞丽、云南勐腊（磨憨）、内蒙古满洲里、内蒙古二连浩特
边境城市	28 个	黑龙江黑河市、绥芬河市、虎林市、密山市、同江市、穆棱市，吉林集安市、临江市、图们市、珲春市、龙井市、和龙市，辽宁丹东市，内蒙古满洲里市、额尔古纳市、阿尔山市、二连浩特市，广西东兴市、凭祥市，云南景洪市、瑞丽市、芒市，新疆哈密市、博乐市、伊宁市、阿勒泰市、塔城市、阿图什市
边境经济合作区	17 个	黑龙江黑河、绥芬河；吉林珲春、和龙；辽宁丹东；内蒙古满洲里、二连浩特；广西东兴、凭祥；云南瑞丽、畹町、河口、临沧；新疆伊宁、博乐、塔城、吉木乃。总面积达 97 平方公里
跨境经济合作区	1 个	中哈霍尔果斯国际边境合作中心

资料来源：根据相关文件搜集。

（二）边境旅游发展的基本推动力

政策创新是边境旅游发展的基本推动力，到现在依然如此。

由于天然与口岸联系紧密，沿边城镇能够通过口岸缩短市场对资源及生产要素配置的时空距离，有利于集聚境内外的资金、技术和原材料。以口岸服务业为主体，包括批发零售餐饮、交通运输仓储、检验检测、商务咨询和环保服务等在内的第三产业往往是边境城镇的优势产业，有利于和当地边境旅游业形成协同效应，成为边境旅游发展的推动力量。需要注意到，传统农牧业在大多数边境城市经济总量中依然占据相当重要的位置，与此相伴生的民风民俗、传统生活场景有潜力成为开发旅游产品的战略性资源，通过创意设计的催化，也成为边境旅游发展的重要推动力量。

城镇向来是旅游业发展的主要场景，承担着客源地、目的地和集散地等诸多功能。完善的旅游设施、优质的旅游服务、众多的旅游企业、各种旅游新型业态多集中在城市，引领着旅游业前进方向和发展步伐。我国边境旅游同样也离不开沿边城镇的有力支撑。我国有数千万人口居住在边境线周围，城镇化水平的提升不仅意味着本地旅游消费能力的提升，也意味着边境居民和外地游客双重需求导向下相关服务功能的快速完善，这也为边境旅游的发展注入了动力。

四、边境旅游目的地建设的思路

边境旅游目的地主要分布在东北边境地区与东北亚国家、西北边境地区与中亚五国、西南边境地区与东南亚国家等相关区域。

在边境旅游目的地自成一体的特殊组合体中，存在一个文化氛围影响力的尺度空间，由核心区、辐射区、腹地区三部分构成，影响力呈梯度式的变化。核心区是两国政治、经济、文化直接交集融合的区域，表现为强吸引力和影响力。旅游者在核心区能强烈感受到异国文化及边境风情，是边境旅游吸引力的核心。

边境旅游目的地建设思路主要体现在：

第一，政策争取完善：旅游便利化＋土地＋财税＋货币＋免税＋……

第二，强化旅游吸引物：通过核心吸引物＋吸引物集群＋要素配套＋……的方式形成。

第三，产业配套升级：首先是“＋旅游路线”，将核心或优势产业涵盖进来。如边贸旅游化提升、配套旅游产品和服务、整体提升依托城镇接待能力的旅游化改造。其次是“旅游城市＋城市旅游＋辐射力强化”。也就是利用交通、住宿、会议、科研、政务等多方面的优势，打造旅游与其他产业的交叉整合产品，如商务旅游、会展旅游、科教旅游和修学旅游等特色旅游形态。

第四，复合提升：完整的游憩构成（时间＋空间＋内容）＋边境政策配套＋足够且合格的接待实施＋方便的交通条件＋复合多种需求的配套服务。

第五，依托全域旅游和边境旅游目的地开发。充分利用新型城镇化带来的历史机遇，完善城市功能，提升城市品位，建设特色边境旅游城市。

通过这些努力，力争抓住政策创新机会（边境/跨境）。或者说，中国的跨境经济合作区在双边经贸合作的探索中，主要就是克服边界的不利效应，利用有益影响，实现边境—跨边境效应向好的空间动态过程，这也是力图抓住的关键机会。抓住市场创新开发机会，包括国内旅游、出入境跨境旅游产品在内的开发和创新，也包括旅游基础设施建设、目的地开发、旅游装备制造、相关金融服务等。努力争取“旅游＋”与“＋旅游”的结合。达到空间辐射周边，相关市场共振，产业辐射周边，产业输出和模式复制。

五、边境旅游发展的动力集成和前景展望

当前，中国的开放程度前所未有，中国旅游市场的规模和影响力也前所未有，沿边大开发态势已规模初具。如果因循过去的发展路径，没有将推动边境旅游发展的动力整合起来，就有可能错失珍贵的发展时机。因此，边境旅游的发展离不开对动力和障碍的深度把握。在新形势下，如何引入并集成新的动力源，克服形形色色的障碍因素，是攸关边境旅游健康快速发展的重要命题。这里以动力集成为核心，旨在梳理边境旅游发展动力的基础上，寻求整合路径和方法，发挥动力合力，并展望边境旅游发展的前景。

（一）动力集成是未来边境旅游发展的基本途径

当前我国出入境游客流向表现出两个鲜明特点：其一，游客跨境主要集中在一线中心城市及其口岸，如北京、上海、广州、深圳等一线城市。其二，跨境游客大部分乘坐的交通工具为飞机，航空口岸占据重点地位。

在国内出游人数逾60亿人次，出入境游客总量接近3亿人次的当下，边境旅游人数明显过少，边境旅游的潜力还远没有充分发挥，当务之急是将集成动力源，形成合力。

1. 动力源的集成方向

政策创新需要进一步落实到边境贸易、产业支撑和城镇发展上，这从关键要素层面确立了动力源的集成方向。在边境贸易方面，需要提高贸易便利化水平，按照既有利于人员、货物、交通运输工具进出方便，又有利于加强查验、监管的原则，在沿边重点地区有条件的海关特殊监管区域深化“一线放开”“二线安全高效管住”的监管服务改革，推动货物在各海关特殊监管区域之间自由便捷流转。推动二线监管模式与一线监管模式相衔接。必须考虑到在支持对外贸易转型升级、引导服务贸易加快发展和完善边民互市贸易等方面系统化寻求与边境旅游的接口，促进商务活动人群与边境旅游人群的双向转化，实现边境贸易资源与边境旅游资源的共享。

2. 注重产业支撑

需要探索边境旅游试验区的具体落地。试验区全域旅游的建设、体育旅游等特色旅游产品的开发、少数民族特色村镇的打造、签证和机动车牌证办理、旅游便利化措施的进一步优化等诸多措施应该因地制宜、应时应景、有

更系统的规划和创新。重点在产业融合互补、乡村旅游产品提升、基础设施的全方位优化以及战略性特色旅游产品的开发上。在城镇发展上，需要从旅游视角重新审视边境城市，将旅游功能有机融入。例如，加强沿边重点地区旅游景区道路、标识标牌、应急救援等旅游基础设施和服务设施建设。在城市发展过程中，重点关注旅游资源整体开发、旅游产品建设、旅游服务标准推广、旅游市场监管以及旅游安全保障等诸多方面，使旅游产业与边境城市共成长。

3. 关注对应国家的诉求和反应

边境旅游的发展，从来不是一厢情愿，而是相关方不断沟通协调，不断妥协，同时又不断突破创新的过程。一方面需要在政策创新上贯彻提高层级、打造平台、完善机制的原则，立足边境贸易、产业支撑和城镇发展深化与周边国家的旅游合作；另一方面需要利用跨境旅游合作区创建的契机，尽可能从现有制度框架中借力，减少不必要的阻力。同时根据边境城市的具体情况，选准突破点，采取更加灵活的管理方式和施行更加特殊的政策，提高政策的适用性，为创建往来便利、服务优良、管理协调、吸引力强的重要国际旅游目的地提供必要的条件。

4. 发挥广阔内地的辐射作用

积极引流内地客源市场，引进内地资本和技术。这需要明确边境旅游的战略性机遇并不是入境客源，而是规模巨大、潜力十足的国内旅游市场和出境旅游市场。换言之，就是从内地到沿边地区旅游以及内地客源借沿边出境旅游。这需要明晰从内地扩散到边境的可能路径，并削减阻碍因素。如加强道路等基础设施建设，实现“最后一公里”的突破；放宽非边境地区居民参加边境旅游的条件，将边境旅游管理权限下放到省（区），允许边境旅游团队灵活选择出入境口岸等。

（二）我国边境旅游发展的前景展望

1. 动力集成将扮演越来越重要的角色

边境旅游发展向来都面临复杂的内外部环境，各种阻碍因素层出不穷，这种情况未来还有可能加剧，指望某一个措施就能够解决所有问题是不现实的，寄希望于所有动力源都能发挥最优效能也是不现实的。统筹兼顾、优化接口、释放合力将成为未来边境旅游发展的战略选择。

2. 国民旅游将成为边境旅游的基础及主体市场

边境旅游发展是否成功，关键在于能否有效承接内地市场和产业的辐射。事实上，随着交通的快速完善、便利化程度的提升以及边境城市形象的渐次传播，我国公民正在越来越多的体验边境旅游。尽管在很大程度上还处于一个自发过程中，但是趋势已然变得明朗。

第二节　跨境旅游合作区和边境旅游试验区建设的探索

一、跨境旅游合作区探索

（一）发展历程

跨境旅游合作区，是指相邻国家在边境地区共同划定一定国土范围开展旅游合作，在划定的范围内，以发展旅游产业为主导，实施特殊旅游政策的区域。其以国际合作为抓手，依托市场优势，共同打造跨境旅游目的地。通过与对方国家签订合作协议的形式，允许游客或车辆凭双方国家签订合作协议的形式，允许游客或车辆凭双方认可的证件灵活进入合作区游览。与对方国家跨境旅游合作区内旅游资源整体开发、旅游产品建设、旅游推广、旅游市场监管、旅游安全保障等方面深化合作，共同打造游客往来便利、优良、管理协调、吸引力强的重要国际旅游目的地。

与此概念联系密切的是跨境经济合作区，是指边境地区两国或多国政府间共同推动的享有出口加工区、保税区、自由贸易区等优惠政策的次区域经济合作区，是集投资贸易、出口加工、国际物流于一体的多功能经济区。跨境经济区功能不仅限于双边贸易，而且能够扩展到生产、物流、旅游等多个领域的合作。实际上，跨境旅游合作区很容易与跨境经济合作区建设结合起来，地方的实践也对此有所支持。

从2010年下半年到2011年末，跨境旅游合作区被黑龙江、吉林、辽宁、内蒙古、广西、云南、新疆等沿边省区不约而同地视为未来对外经济文化交往和边境旅游的发展重点。2010年11月，在吉林延边，中国、俄罗斯、朝鲜三国决定共同打造中国、俄罗斯、朝鲜跨境旅游合作区，将以中国珲春市、俄罗斯哈桑区、朝鲜罗先地区为起步区，最终形成包括中国延吉市、俄罗斯符拉迪沃斯托克市和朝鲜清津市的三角形跨境旅游合作区。2011 年 3 月，广西东兴举办首届中国东兴—越南芒街跨境旅游合作区建设研讨会，会议提出，将跨境旅游合作区建成“无国界旅游试验区”，实现互免旅游签证，提供人员自由往来，货物自由流通，货币自由换汇，车辆自由通行等便利。2011 年 6 月《国务院关于进一步促进内蒙古经济社会又好又快发展的若干意见》第 38 条明确提出：“探索建立中俄、中蒙跨境旅游合作区”，这是跨境旅游合作区上升为国家战略层面的标志。2011 年 7 月，云南省旅游局桥头堡建设会议上提出，加快推进河口中国、越南跨境旅游合作区，磨憨中国、老挝跨境旅游合作区，瑞丽中国、缅甸跨境旅游合作区建设，争取享受自由贸易区的有关政策和条件，形成免签、免税的旅游特区。2011 年 12 月，在俄罗斯赤塔市举办中国、俄罗斯边境旅游协调会议，双方就建立满洲里—后贝加尔、额尔古纳—普里阿尔贡斯克、室韦—涅尔琴斯克札沃德 3 个跨境旅游合作区达成共识。2016 年 8 月，原国家旅游局、国家发展改革委等 8 部门联合下发了《关于加快推动跨境旅游合作区工作的通知》，全面启动了跨境旅游合作区工作。

支持满洲里、绥芬河、二连浩特、黑河、延边、丹东、西双版纳、瑞丽、东兴、崇左、阿勒泰等有条件的地区研究设立跨境旅游合作区。其中包含两层含义，国家支持 11 个拥有口岸的地区在深入研究的基础上，设立跨境旅游合作区。文件中“有条件的地区”包含了工作基础、口岸通关软硬件设施、双边国家的旅游外交关系等各方面条件，各地方需要树长项、补短板，形成有利条件。

（二）建设重点

在跨境旅游合作区工作部署中，突出因地制宜、双边合作、便利往来。主要从合作的角度，在双边毗邻区域，加强旅游便利化水平和政府间的旅游宣传推广和管理合作。在合作的战略方向和涵盖领域方面，呈现出明显的目的地化特征，即将涉及相邻国家的整个边境地区作为一个旅游目的地进行建设与管理，是目前跨境旅游合作的重要战略方向，涵盖领域涉及产品与服务、市场营销、品牌打造、教育培训等方面。

常见管理模式是“两国一区、境内关外、封闭运作、自由贸易”，不仅享有 WTO 原则允许和保护的边境贸易及交易税收等优惠政策，还具有功能齐全的边境旅游、边境贸易、商品交易、出口加工、国际物流等功能区。

（三）障碍分析

在跨境旅游合作区建设上，存在一些明显且克服难度较大的障碍，使得推进容易受阻。比如，难以对边境两侧现有旅游产品进行差异化，地区之间、企业之间实际上会存在恶性竞争的可能，破坏已建立的合作关系。邻国或者国内地方出于自身利益上的考虑，可能对跨境旅游合作的支持力度不够。国家间政治体制、经济地位、社会文化、价值观等方面存在差异，也会给跨境旅游合作产生一些障碍，如导致跨境旅游政策和规划难以落实。需要指出的是，合作中的沟通和协调问题突出，国家边界给两国居民在感知或心理上造成的障碍，这种障碍即使在友好国家之间也会存在，且有不可忽视的影响。还有不同的社会文化环境、多层级和多部门的管治、多元化的合作伙伴和利益相关者，也给沟通合作带来了不小的困难。

二、边境旅游试验区探索

（一）发展历程

边境旅游试验区是以改革创新为抓手，依托边境城市，强化政策集成和制度创新，整合各类产业要素，形成旅游产业优势，并为跨境旅游发展夯实基础。鼓励试验区积极探索“全域旅游”发展模式。2018 年，文化和旅游部、外交部、发展改革委等 10 部门联合印发了《文化和旅游部等 10 部门关于印发内蒙古满洲里、广西防城港边境旅游试验区建设实施方案的通知》，设立内蒙古满洲里和广西防城港边境旅游试验区。明确边境旅游试验区依托边境城市设立，今后批准设立的边境城市也可以研究开展此项工作。

（二）建设重点

边境旅游试验区是从改革的角度出发，从产业发展的角度落地，通过政策集成和制度创新，将境外的游客流和境内的资金流导入边境旅游试验区，并在边境地区探索“全域旅游发展模式”。

这需要牢固树立和贯彻落实新发展理念，落实高质量发展的要求，深度融入“一带一路”建设，构建全区域、全要素、全产业链的边境旅游发展新模式，建设边境旅游目的地。

这需要坚持特色打造，推动旅游业特色化、国际化、全域化发展，提升旅游业整体竞争力；坚持绿色发展，牢固树立“绿水青山就是金山银山”理念，坚持最严格的耕地保护制度和节约用地制度；坚持防范风险，完善禁赌、禁毒长效机制，坚决打击非法入境、走私贩私，筑牢边疆安全，稳定屏障。

空间布局方面，按照国务院 2015 年 72 号文件《国务院关于支持沿边重点地区开发开放若干政策措施的意见》中明确的“依托边境城市设立试验区”的要求，试验区主要依托边境城市的行政辖区范围设立。

发展目标方面，明确试点试验时间为 3 年，即到 2020 年底，确立试验区在旅游体制机制、旅游产业发展、旅游目的地影响力等方面应达到的目标水平。

设立边境旅游试验区坚持“分批实施，成熟一个推出一个”的原则，首先选择旅游资源禀赋较高、旅游产业发展较为成型、口岸通关综合条件较好、与毗邻国家旅游合作相对成熟的边境城市率先开展改革探索，并在实践中积累经验做法，之后再逐步推广。

满洲里试验区位于内蒙古呼伦贝尔大草原的西北部，北接俄罗斯，西邻蒙古国，是欧亚大陆桥重要战略节点，试验区具有融草原文明、红色传统、异域风情为一体的口岸文化，口岸年出入境人数居中俄沿边口岸之首，试验区航空、铁路、公路立体旅游交通格局已经形成。满洲里试验区的主要任务有探索旅游扩大开放政策、构建产业发展政策体系、探索旅游产业促进新模式、探索完善旅游服务管理体系等 4 个方面，包括优化出入境管理制度、促进自驾车旅游往来便利化、推动团体旅游便利化、提高旅游投资便利化水平、探索实施旅游发展用地政策、创新旅游人才培养引进机制、构建产业融合发展格局、建立跨境旅游合作机制等 13 项具体任务。

防城港试验区位于北部湾畔，是我国西部第一大港，是中国与东盟海、陆、河相连的门户，内有十万大山、北仑河口、江山半岛、京岛等旅游资源，口岸年出入境人数居中越沿边口岸之首，试验区高速公路、高速铁路已与全国路网连接，与南宁吴圩国际机场形成 1 小时经济圈，与越南开通了“海上胡志明小道”高速客轮旅游航线。防城港试验区的主要任务有探索旅游便利通关新举措、探索全域旅游发展新路径、探索产业发展引导新机制、探索边境旅游转型升级新动能、探索扩大边境旅游合作新模式等 5 个方面，包括促进人员通关便利化、促进自驾车旅游往来便利化、完善边境旅游综合服务设施、构建旅游共建共享模式、创新旅游投融资模式、推动完善土地支持政策、开拓海上跨境旅游新市场、打造边境新型旅游产品、建立跨境旅游常态化联合执法机制、推动跨境旅游联合营销机制等15项具体任务。

可以概括如下：

在贸易方面，按照既有利于人员、货物、交通运输工具进出方便，也有利于加强查验监管的原则，在沿边重点地区有条件的海关特殊监管区域深化“放开+高效管住”的监管服务改革，推动人员与货物在各海关特殊监管区域之间自由便捷流转。在支持对外贸易转型升级、引导服务贸易加快发展和完善边民互市贸易等方面，系统化寻求与边境旅游的接口，促进包括商务活动人群与边境旅游人群的双向转化，实现边境贸易资源与边境旅游资源的共享。

在产业支撑方面，深入探索边境旅游试验区的具体落地。试验区全域旅游的建设、体育旅游等特色旅游产品的开发、少数民族文化特色村镇的打造、签证和机动车牌证办理等旅游便利化措施的进一步优化等更加因地制宜、应时应景，有更系统的规划和创新。重点在产业融合互补、乡村旅游产品提升、基础设施全方位优化以及战略性特色旅游产品开发上。

在城镇发展上，从旅游视角重新审视边境城市，将旅游功能有机融入。例如，加强满洲里和防城港旅游景区道路、标识标牌、应急救援等基础设施和服务设施建设。在城市发展过程中，重点关注旅游资源整体开发、旅游产品建设、旅游服务标准推广、旅游市场监管以及旅游安全保障等，使旅游产业与边境城市共成长。

必须认识到，满洲里和防城港边境旅游试验区的建设，实际上是人类命运共同体构建的生动体现。在此过程中，需要关注对应国家的诉求和反应。边境旅游的发展需要相关方不断沟通协调，同时又不断突破创新。一方面需要在政策创新上贯彻提高层级、打造平台、完善机制的原则，立足边境贸易、产业支撑和城镇发展，深化与相应国家的旅游合作；另一方面需要利用边境旅游试验区创建的契机，在政策创新的同时，尽可能从现有制度框架中借力，减少不必要的阻力。根据边境城市和重要节点的具体情况，选准突破点，采取更加灵活的管理方式和施行更加特殊的政策，提高政策的适用性，为创建往来便利、服务优良、管理协调、吸引力强的重要国际旅游目的地提供必要条件。

满洲里和防城港边境旅游试验区的建设，需要考虑针对广阔内地的辐射作用，积极引流内地客源市场，引进内地资本和技术。这需要明确边境旅游的战略性机遇并不只是入境客源，还有规模巨大、潜力十足的国内旅游市场和出境旅游市场。边境旅游发展是否成功，很大程度上在于能否有效承接内地市场和产业。这就需要明晰从内地扩散到边境的可能路径，并削减阻碍因素。如加强道路等基础设施建设，实现“最后一公里”的突破；放宽非边境地区居民进行边境旅游的条件，将边境旅游管理权限下放到省（区），允许边境旅游团队灵活选择出入境口岸等。

满洲里和防城港边境旅游试验区的设立意义并不局限于自身，可复制、可推广经验的摸索和总结更为重要。这是一个长期艰巨的过程，不可能一帆风顺、一蹴而就。统筹兼顾、优化接口、释放合力、优化复制将成为未来边境旅游发展的战略选择。

第三节　免税业在边境旅游中的机遇和未来布局

一、免税业与边境旅游

沿边地区地处对外开放的前沿，也是我国免税业发展不能忽视的重要区域。当前沿边重点地区开发开放已初见成效，无论政策储备、产业体系还是基础设施都为免税业的深度介入提供了条件。新形势下，免税业作为中国旅游业的重要组成部分，应该而且能够在沿边开放开发大战略中发挥更大的作用。当前亟须解决的，就是进一步创新政策，集合各方资源，力争完成关键性的战略布局。在理念上，要强调沿边地区免税业发展不仅对于沿边地区旅游业发展至关重要，同样对提高沿边地区整体开发开放水平也至关重要。从历史经验看，跨境购物向来是旅游业发展的重要支撑，美国和加拿大的跨界购物就被誉为旅游业的发动机。边境地区天然具有口岸和人员往来的优势，跨国交流又为免税业发展提供了其他地区难以企及的人员往来优势和政策创新优势。而免税业对边境地区发展的意义就更为重大。精心配置的免税店不仅能与现有旅游吸引物有机互动，本身也是极具吸引力的目标。通过免税业的发展，可以提振边地旅游消费，带动创意设计、物流、仓储等相关产业发展，增加国际旅游外汇收入，提升旅游业国际竞争力。对于缺乏资金、旅游品牌缺失，且基础设施落后的边境地区，有望通过免税业的有效介入形成关键的旅游吸引物，迅速集聚人气。当前霍尔果斯的中哈合作中心，免税业已成为重要的先导产业。

二、未来边境区域的免税业发展

未来沿边各地区将免税业作为优先优势产业纳入重要开发规划的积极性会进一步提升，并有机植入沿边开发平台建设中。通过免税业发展促进沿边开发开放。通过大胆探索和试验，努力形成一批可复制、可推广的，以免税业发展促我国沿边开发开放的经验，为沿边地区全面深化改革和扩大开放提供示范。

（一）优化布局

在规划上，要整体谋划边境免税店的布局。边境免税店的分布与各国的地理条件及边境地区的边贸发展关系密切。尽管我国当前渠道主要集中在机场免税店，但是由于陆上邻国及口岸众多，在边境免税店发展上应该大有潜力可挖。当前边境免税店的分布地域主要有以满洲里为核心的中俄旅游市场合作圈，以丹东为核心的中朝旅游市场合作圈、以新疆为核心的中亚旅游市场合作圈、以崇左为核心的中越旅游市场合作圈以及以西双版纳为核心的中缅旅游市场合作圈。要根据所处市场圈层的不同，以及入境游客的喜好，灵活配置免税品和有税品。我国边境旅游集聚的内蒙古、辽宁、吉林、黑龙江、广西、云南和新疆等 7 个省（区）A 级以上旅游景区数以千计，可以探索将免税店的分布与当地的旅游吸引物开发有机结合，在基础设施建设、促销和游线上有所组合。特别在加强沿边重点地区旅游景区道路、标识标牌、应急救援等旅游基础设施和服务设施建设中积极介入。

免税业的整体布局需要充分利用现有的资源，特别要发挥现有边境免税店的作用。作为中国免税业的代表，中免公司应该担负起更大的责任。该公司为国家授权统一经营管理全国口岸免税业务的专营公司，经营区域为全国所有的口岸城市和边境地区，当前的经营的边境免税店有包括瑞丽边境免税店、丹东边境免税店、东宁边境免税店在内的33个。中免公司可考虑进一步优化网络，引进特色品牌，整合供应链，深度介入边境旅游业的发展过程中，获取更多的发展空间。

（二）强化与周边国家的全产业链合作

在边境开发开放过程中，我国免税业不仅应该主动参与，与边境各省区的旅游企业深度合作，将免税业发展与建设跨境旅游合作区和边境旅游试验区结合起来，有所作为。还应该强化免税业与周边国家的全产业链合作，争取在主要边境城市开设市内店，充分免税业的龙头带动作用，形成沿边区域性产品加工、展销、集散中心。

在发展方向上，我国免税业不仅要关注沿边区域，还要眼光朝外，联通国内国际两个大市场。边境地区往往连接我国主要国际通道，包括中南半岛通道、中缅陆水联运通道、孟中印缅国际大通道、东北亚多式联运通道以及新亚欧大陆桥、中蒙俄跨境运输通道、中巴国际运输通道建设等。特别要融入当前建设“一带一路”的大背景。2016年8月，习近平总书记在推进“一带一路”建设工作座谈会上强调要聚焦政策沟通、设施联通、贸易畅通、资金融通、民心相通，聚焦构建互利合作网络、新型合作模式、多元合作平台，聚焦携手打造“绿色丝绸之路”“健康丝绸之路”“智力丝绸之路”“和平丝绸之路”。这在国家层面上为我国产业的国际化指明了方向。正因为如此，在实施“一带一路”倡议，建设“孟中印缅经济走廊”“中巴经济走廊”等关系国家战略的区域合作计划中，免税业应该抓住机会，统筹分配资源，积极“走出去”。除在边境地区建设边境点和市内店，提升机场店，还应该在周边邻国积极寻找机会，抓住我国出境旅游市场快速扩展的契机，形成国际化免税网络，输出资本、管理和服务。在这些国家开设市内店、机场店等多种形式的免税店。当前中免公司已经在柬埔寨的暹粒、西哈努克港和金边开设了三家免税店，为我国免税业走出去积累了宝贵的经验。

（三）争取更为宽松的免税业政策

首先，是争取在市内店上有所突破。为增加外汇收入，发展旅游事业，国务院分别于1988年和1999年批准中国免税品（集团）有限责任公司在北京、上海、大连、青岛、厦门五个城市试点开办市内免税店。但市内免税店的发展并不尽如人意。可以考虑扩大市内免税店区域范围，将市内免税店建设有机纳入边境旅游城市建设中去，争取选取适当的边境旅游城市建立市内免税店，引流国内旅游的庞大市场，切实支持沿边开放。在供应对象上，将这些区域市内免税店销售对象扩大到即将离境的我国居民。在经营品种上，根据所面向的沿边国家，结合市场的消费喜好和特点，灵活配置，扩大市内免税店的商品经营范围，争取在具体经营品种上纳入烟草、酒水、家用电器等商品种类。允许旅客在现行“现场埋单，口岸提货”的提货模式外，还可以选择“即购即提，先征后退”的提货模式，即旅客在缴纳税款保证金的前提下，可以在店内直接买单提货，出境时在口岸隔离区经海关核验后，免税店再将税款保证金退还旅客。此外，允许出境旅客回国后在一定期限内到市内免税店进行补购，补购额度可参照我国海关关于进境旅客携带物品的有关管理办法执行。

其次，是将免税业发展与跨境旅游合作区及边境旅游试验区建设结合起来。将免税业政策创新有机融入旅游资源整体开发、旅游产品建设、旅游服务标准推广、旅游市场监管及旅游安全保障等方面，探索免税业政策与口岸签证政策、用地政策、便捷办理临时跨境机动车牌照等政策接口，从而获取更大的发展空间。

第六章
“一带一路”的旅游交流合作

第一节　发展现状及合作成果梳理

一、发展态势

2013 年 9 月习近平主席访问哈萨克斯坦首次提出共同建设“丝绸之路经济带”，2013 年 10 月习近平主席访问印度尼西亚提出构建“21 世纪海上丝绸之路”。

习近平主席指出，旅游是传播文明、交流文化、增进友谊的桥梁，是增强人们亲近感的最好方式。“国之交在于民相亲，民相亲在于心相通。”“民心相通”是“一带一路”倡议落实的民意基础。包括加强多双边旅游合作、扩大旅游规模、创新推出旅游产品、提高各国游客签证便利化水平等在内的多项措施，有力地促进了政策沟通、设施联通、贸易畅通和资金融通，为“一带一路”建设注入了新的活力。加强旅游领域的交流合作，促进民心相通已经成为“一带一路”沿线国家的重要议题和共识。

“一带一路”旅游线横跨亚欧大陆，绵延 7000 多公里，沿线 66 个国家，拥有近 500 项世界自然和文化遗产，是一条把中国文化、印度文化、波斯文化、阿拉伯文化和古希腊、古罗马文化连接起来的国际通道，是一条国际黄金旅游线，更是推进“一带一路”倡议落实的重要通道和载体。凭借着独有的区位优势和丰富优质旅游资源，充分发挥旅游推动区域合作的先锋作用。

当前，我国出境旅游快速发展形成的空前市场，使得更多国家更加意识到加入“一带一路”倡议，加强旅游合作的重要性。不仅沿线国家群起响应，其他区域的国家也积极谋求加入“一带一路”朋友圈，争搭“一带一路”旅游合作的顺风车，旅游领域的“共商共建共享”成为潮流。

（一）中国、蒙古、俄罗斯经济走廊方向

已经成功打造了二连浩特—乌兰巴托—伊尔库茨克—贝加尔湖自驾精品旅游线路，开通了中国、蒙古、俄罗斯重走茶叶之路“二连浩特号”旅游专列。

（二）中国—中亚—西亚经济走廊方向

2016 年 12 月 30 日新疆举办中哈霍尔果斯国际边境合作中心冬季旅游节，初步构建了中哈霍尔果斯国际边境合作中心国际化旅游品牌。

（三）中国—中南半岛经济走廊方向

正在推进中老铁路沿线旅游开发，建设中国、老挝“磨憨—磨丁”跨境旅游合作示范区和中国、越南防城港边境旅游试验区，以点带面创新澜湄合作机制（LMC）。目前，已形成较为成熟的自驾及自由行线路，覆盖缅甸、老挝、越南、泰国和柬埔寨的主要节点城市，如缅甸曼德勒、仰光、蒲甘；老挝琅勃拉邦、万象、万荣；泰国芭堤亚、曼谷、清迈；柬埔寨的金边、暹粒、西哈努克；越南的胡志明、河内、下龙湾等。

（四）中国、巴基斯坦经济走廊方向

深挖中国、巴基斯坦边境地区旅游资源潜在优势，沿铁路、公路，联合推进跨境旅游线路开发与建设，提升旅游服务品质。

（五）孟加拉国、中国、印度、缅甸经济走廊方向

通过建立跨境旅游合作区，打造孟加拉国、中国、印度、缅甸自驾旅游线路，建立孟加拉国、中国、印度、缅甸旅游营销联盟等措施，构建孟加拉国、中国、印度、缅甸大旅游圈，共同培育和开发旅游市场，加强旅游服务能力建设合作，构建旅游城市联盟等旅游合作机制，促进孟加拉国、中国、印度、缅甸的区域旅游合作。

二、“一带一路”沿线国家的旅游往来

“一带一路”倡议提出后，得到国际社会的认可和重视。在遵循“共商、共建、共享”的原则下，中国与沿线国家的政治互信持续增强，人文交流不断加强，经贸合作日益活跃，文化与旅游合作的规模日趋扩大。当前“一带一路”辐射区域的国际旅游总量占全球旅游 70% 以上，仅中国与丝路沿线国

家双向旅游交流规模就超过 2500 万人次。[①] “一带一路”沿线国家入境我国人数增加速度较快，入境人数总体大幅增长，呈逐年上升趋势。亚洲部分增长幅度最大，欧洲部分增长率次之。入境人数排名前 15 的国家除俄罗斯外均为亚洲国家，超过 1/3 的国家入境中国人数超过百万。我国公民访问“一带一路”沿线国家的出境人数增加较快。其中亚洲增长幅度最大，尤以东盟国家目的地的增长幅度为高，欧洲增长幅度略低于总体增长水平。“十三五”期间，预计将吸引沿线国家 8500 万人次国际游客来华旅游，拉动旅游消费约 1100 亿美元。[②]

需要注意的是，文化和旅游交流合作不仅得益于“一带一路”建设，更为“一带一路”建设提供了源源不断的新动力。“民心相通”是“一带一路”倡议落实的民意基础。包括加强多双边文化旅游合作、扩大文化旅游交往规模、创新推出文化旅游产品、提高各国游客签证便利化水平等在内的多项措施，有力地促进了政策沟通、设施联通、贸易畅通和资金融通，为“一带一路”建设注入了新的活力。加强文化旅游领域交流合作，促进民心相通已经成为“一带一路”沿线国家的重要议题和共识。当前，我国与“一带一路”沿线国家互为最重要的客源地和目的地，双向旅游人数已经超过 3000 万人次。可以说，我国出入境旅游带来的数千万人次交往、千亿美元产出和规模巨大的人文交流已经成为“一带一路”倡议践行中最为显著的“可视性”成果。我国出境旅游快速发展形成的空前市场已经使得更多国家更加意识到加入“一带一路”倡议、加强沿线国家旅游合作的重要性，其他区域的国家也积极谋求加入“一带一路”朋友圈，争搭“一带一路”文化和旅游合作的顺风车，旅游领域的“共商共建共享”的命运共同体意识成为潮流。

三、当前中国与沿线国家旅游交流合作成果

（一）政府间旅游合作

“一带一路”旅游交流合作已有多层次、多主体旅游合作基础，构建了

① 来源：世界旅游组织第 22 届全体大会“一带一路”旅游部长会议材料，http：//sc. people. com. cn/GB/n2/2017/0913/c345167 – 30730187. html。

② 来源：《“一带一路”旅游潜力沿线国家 8500 万游客将来华》，人民日报，2015 年 4 月 24 日。

良好的文化和旅游交流合作机制。在国家领导人的积极推动下，国际共识持续扩大，形成了大量具有建设性的成果文件，合作机制基本成型。概括地讲，一是基础性的“夯基垒台”。首脑外交传达了加强“一带一路”合作的良好意愿，达成行动倡议，包括文化和旅游合作的国际共识；部长级会议等高级别文化和旅游磋商机制，推动了与沿线国家和地区建立文化和旅游资源交流与合作机制。二是文化和旅游领域机制建设的“立柱架梁”。中国与多个国家共同举办旅游年，创办“丝绸之路”旅游市场推广联盟、“海上丝绸之路”旅游推广联盟、“万里茶道”国际旅游联盟旅游合作机制。构建了中国—东盟、中国—中东欧、中国—俄罗斯—蒙古等一系列双多边文化和旅游合作机制，与印度尼西亚、缅甸、塞尔维亚、新加坡、沙特阿拉伯等国签订了文化遗产合作文件。通过世界旅游联盟、世界旅游城市联合会、“丝绸之路”国际剧院、博物馆、艺术节、图书馆、美术馆联盟等国际性平台强化“一带一路”文化和旅游合作。成功举办中国与日本和韩国及东盟、南亚等沿线国家的文化或旅游部长会议，与中东欧、东盟、俄罗斯、尼泊尔、希腊、埃及、南非等国家和地区成功举办文化年活动，成功举办中国—俄罗斯、中国—韩国、中国—印度、中国—中东欧、中国—澳大利亚、中国—丹麦、中国—瑞士、中国—哈萨克斯坦、中国—东盟等系列旅游年。

在“元首”外交层面，旅游在国际交往中的作用得到了习近平总书记的关注。习近平总书记不仅积极出席国际旅游交流活动，而且在出访和会见国外领导人的很多场合都把旅游交流作为重要议题。

在国家合作机制方面，建立了中国—东盟、中国—中东欧、中国—俄罗斯—蒙古等一系列双多边旅游合作机制，举办首次中国—东盟旅游部门会议、首届中国—南亚旅游部长会议以及“一带一路”国家旅游部长圆桌会议等活动，为深化旅游“一带一路”工作提供机制保障。中国与“丝绸之路”沿线国家，先后举办中国—俄罗斯、中国—韩国、中国—印度、中国—美国、中国—中东欧、中国—澳大利亚、中国—丹麦、中国—瑞士、中国—哈萨克斯坦、中国—东盟等 10 个系列旅游年。覆盖国家 34 个，在各旅游年框架下组织系列旅游推广交流活动。在互联互通方面，2015 年举办“丝绸之路”旅游部长会议，通过《丝绸之路国家旅游部长会议西安倡议》。2016 年举办首届世界旅游发展大会，107 个国家旅游部门提出，“各国政府通过‘一带一路’

倡议等举措，加强互联互通，提升旅游便利化，推进并支持区域旅游合作”。与57个沿线国家缔结了涵盖不同护照种类的互免签证协定，与15个国家达成19份简化签证手续的协定或安排。[①] 在民航、铁路、公路、水运等方面都取得实质性进展，特别是民航的进步显著。中国与126个国家和地区签署了双边政府间航空运输协定。与卢森堡、俄罗斯、亚美尼亚、印度尼西亚、柬埔寨、孟加拉国、以色列、蒙古、马来西亚、埃及等国家扩大了航权安排。中国与沿线国家新增国际航线1239条，占新开通国际航线总量的69.1%。[②]

从地方层面看，云南、广西与越南、老挝、缅甸具备旅游合作的基础，随着交通的便利以及出入境手续的日趋简化，彼此间的旅游合作进一步深入。中国—缅甸、中国—老挝、中国—越南双方目前积极参与并推进跨境旅游合作区和边境旅游试验区建设。从宁夏与阿拉伯国家旅游合作情况看，随着国务院批准建立宁夏内陆开放型经济试验区、设立银川综合保税区，宁夏已成为中国向西开放的“桥头堡”“丝绸之路”经济带重要战略支点。2015年9月，宁夏与约旦、马来西亚、哈萨克斯坦等国家，及台湾、福建、广西、新疆等地区共同签署成立“一带一路”旅游联盟。2014年，中国国际“丝绸之路”旅游发展会议在乌鲁木齐举办，亚欧14国联合发表了《“丝绸之路”旅游乌鲁木齐宣言》，2014年，第四届敦煌行·“丝绸之路”国际旅游节在甘肃省张掖市开幕，19个“丝绸之路”沿线城市代表共同发表了《丝绸之路城市旅游合作宣言》，合作发展“丝绸之路”旅游，建设“丝绸之路”旅游共同体。

（二）“一带一路”沿线被批准的旅游目的地国家（ADS）情况

在“一带一路”沿线国家中，大部分已经成为中国ADS国家，但是有相当部分依然没有纳入ADS体系，这些国家包括波黑、黑山、摩尔多瓦、阿塞拜疆、土库曼斯坦、塔吉克斯坦、吉尔吉斯斯坦、不丹、阿富汗、科威特、巴林、阿联酋、阿曼、也门、巴勒斯坦和伊拉克。

详细情况见附录。

（三）沿线产业合作状况

中国旅游产业投资完善“一带一路”沿线国际业务布局。在“一带一

---

① 《“一带一路”国家和地区将成立旅游合作共同体》，中国网，http://travel.china.com.cn/txt/2017-05/18/content_40841608.htm。

② 民航局官网。

路”倡议背景下，我国地缘政治、经济发展、国际贸易、文化交往等领域都发生着巨大变化，对外直接投资出现了崭新的局面、正迎来新一轮的“走出去”高潮。中国旅游业也加紧在“一带一路”沿线布局，对外直接投资迅速增长，企业“走出去”步伐正在全面提速。

例如，中国免税店进驻柬埔寨。2014 年 12 月 30 日，中免集团在柬埔寨开设的吴哥免税店正式营业。作为柬埔寨国内第一家市内免税店，致力于打造“亚洲最优惠免税购物中心”。中国免税店进驻柬埔寨，是“一带一路”倡议下国家旅游产业投资的有力推动，给中柬双方旅游业的发展带来了积极有力的影响。携程投资印度最大在线旅游公司。作为中国最大、全球排名第 2 的 OTA，携程一直在积极进行国际化布局。2016 年，携程投资印度最大在线旅游企业 MakeMyTrip。众信旅游积极推动“一带一路”沿线国家和地区业务。众信旅游与俄罗斯维姆航空签署为期 3 年的独家战略合作协议。中国进出口银行投资琅勃拉邦机场改扩建工程，成为连接越南北部、泰国、柬埔寨和中国云南省的重要航空枢纽。云南建投万象国际旅游中心等中方旅游投资项目带动老挝商业和旅游业进一步发展。

“欢迎中国”成为国际旅游便利化的重要标志。“欢迎中国”是由中国旅游研究院制定并颁布的，面向中国游客的境外旅游服务标准，致力于在全球范围内打造“为中国游客定制”的服务标准体系，旨在为中国游客提供更好的出行体验。认证体系的合作伙伴包括中央电视台、中国银联等知名企业。目前，认证体系分为“金级、玉级、红级”三级标准，认证商户涵盖城市、酒店、机场、购物中心、博物馆、旅行社、演艺、游轮等多种商业业态，不仅在业界的影响力不断扩大，同时也受到越来越多的国外城市及当地政府的重视。在“一带一路”倡议的引领下，“欢迎中国”标准体系的海外拓展正加快步伐，现已为 25 个“一带一路”沿线国家的近百家商户提供了认证服务，尤其集中在欧盟与东盟国家。2018 年是中国—欧盟旅游年，“欢迎中国”作为这一重要盛事的官方合作伙伴，全权处理了 2018 年 1 月 19 日在威尼斯总督府（Palazzo Ducale）举办的中欧旅游年开幕式的各项事务。

（四）存在障碍

参与者众多导致协调难度大。“丝绸之路”沿线各国都认识到了旅游合作对于本国繁荣经济、提振就业的意义，而且都期待着旅游合作的进一步深化。然而，由于合作涉及国家众多，各国经济与旅游产业发展程度不同，以及合作覆盖基础设施、签证便利、商品通关、航权协调、交通联运、标准对接等多个领域，协调难度较大。

发展程度的不同制约了基础设施的建设。“一带一路”沿线国家旅游业起步较晚，旅游基础设施建设相对落后的问题较为普遍。贯穿“丝绸之路”的“欧亚大陆桥”自1992年开始营运以来，由于途经的国家管理理念和运作方式不同，无法协调统一，因此通行手续复杂、费用昂贵、耗时不定。

市场化程度与商业环境发育进程的差异影响了产业合作。在中亚经济圈中，哈萨克斯坦、乌兹别克斯坦、土库曼斯坦3个国家尚未加入世贸组织。国际上已承认哈萨克斯坦为市场经济国家，而其他国家还处在市场经济制度的创新阶段。不同国家在政府行为规范化、经济主体自由化、贸易环境公平化、生产要素市场化、金融参数国际化方面还存在着较大的差距。这对旅游产业的深层次合作造成障碍。

签证便利化程度不均衡。在“一带一路”目的地中，有免签的国家，有积极参与ADS的国家，也有国家的签证环境有待改善。例如，中亚5国当中，有4个至今不是中国的ADS国家，只有乌兹别克斯坦在2010年5月才正式成为中国开展组团业务的出境旅游目的地国家。中东欧国家中，还有马其顿、波黑、阿尔巴尼亚3个国家尚未成为我国正式实施的ADS国家。有关签证问题将在下文详细阐述。

第二节　“一带一路”的签证便利化分析

一、我国签证状况

我国签证制度一直在探索便利化改进，特别是降低签证费用。从新中国成立初期的“便侨”签证制度，到20世纪90年代初的“港澳台同胞往来大陆通行证持有者免签制度”，再到中国入世后的“APEC商务旅行卡持有者免签制度”，以及最近几年实行的“过境免签制度”，都是签证便利化的成果。目前，还针对日本、新加坡等15个国家公民实行全国范围内的免签政策，与俄罗斯、白俄罗斯、格鲁吉亚、阿塞拜疆、摩尔多瓦、土库曼斯坦6个国家签署了团体旅游互免签证协议，海南省、珠三角、黑龙江等地针对不同区域的特定入境游客实施免签或落地签证政策。赴中国旅游的外国游客，需要申请旅游签证（L类签证），并支付签证费用。

二、我国与“一带一路”沿线国家的签证费用分析

通过对“一带一路”沿线国家双向签证费用的梳理，发现以下现象：

中国公民访问“一带一路”沿线国家的签证费用高于对方来华签证费用，且平均费用高于中国签证费用30.07%。

无论中国公民访问“一带一路”沿线国家，还是对方来华，签证费用均有北线大于中线大于南线的现象。[①]

在北线、中线上，中国公民访问“一带一路”沿线国家的签证费用（平均费用）均大于对方来华签证费用，且超出比例较大。其中北线超出42.75%；中线超出36.07%。南线与北线、中线相反，中国公民访问“一带一路”沿线国家的签证费用低于对方来华签证费用，幅度为33.53%。[②]

较高签证费用往往出现在中线和北线上，南线价格相对较低，双向都是如此。北线中国去“一带一路”最高签证费用为1200元（土库曼斯坦），北线“一带一路”来中国最高签证费用为552元（爱沙尼亚）；中线中国去“一带一路”最高签证费用为750元（伊朗），中线“一带一路”来中国最高签证费用为631元（伊朗）。[③]

事实上，双向旅游交流活跃的地方，也往往是签证费用较低的地方。如中国去“一带一路”南线的签证费用较低，这也是中国出境旅游最为活跃的区域。

---

① 南线：斯里兰卡、印度、孟加拉国、缅甸、泰国、老挝、柬埔寨、马来西亚、新加坡、印度尼西亚、文莱、菲律宾、越南、也门、阿曼、马尔代夫。

中线：埃及、沙特阿拉伯、阿联酋、卡塔尔、科威特、约旦、叙利亚、以色列、黎巴嫩、塞浦路斯、伊拉克、伊朗、阿富汗、巴基斯坦、巴勒斯坦、尼泊尔、不丹。

北线：希腊、捷克、罗马尼亚、匈牙利、马其顿、波兰、白俄罗斯、乌克兰、立陶宛、拉塞维亚、爱沙尼亚、土耳其、格鲁吉亚、阿塞拜疆、乌兹别克斯坦、土库曼斯坦、吉尔吉斯斯坦、哈萨克斯坦、塔吉克斯坦、蒙古、俄罗斯、波黑、黑山、斯洛文尼亚、摩尔多瓦、亚美尼亚、克罗地亚、保加利亚、阿尔巴尼亚。

②③ 此处数据是通过查询各相关使领馆官网、电话及旅行社访谈得来。

第三节 “一带一路”旅游交流合作建议

一、以文旅融合创新推动交流合作

“一带一路”沿线蕴含着极为丰富的文化旅游资源，有着庞大的市场体量和与之对应的高速产业成长，文化与旅游融合发展将为沿线旅游发展注入活力。

从需求角度看，文化交流是促进民心相通的纽带和桥梁，在提供良好氛围的同时又持续不断地增加民众相互了解的需求。同样，旅游发展也有助于沿线文明的互动，旅游的综合特性和亲善本质更有利于弘扬中国文化。“一带一路”的文化旅游实践更证实了这一点。从供给角度看，包括哲学思想、建筑工艺、民俗风情和文学艺术等多种形式的文化宝藏为相关产品开发提供了珍贵的 IP 资源。沿线各国世界自然和文化遗产近 500 项，中国有 52 项。这些资源的组合、联动和业态匹配为旅游产品开发提供了无限可能。

文化和旅游部的组建，为“一带一路”文化旅游产品开发提供了组织保障。新时代“一带一路”的文旅融合及文旅产品开发需要有新突破和新作为。

（一）有意识地引导文旅融合

文旅融合有助于推动建设人类命运共同体这一伟大事业，需要愿景形成、观念磨合和理念共振。因此，在推动沿线文化交流、文化传播和文化贸易创新发展过程中，要同时考虑旅游因素的嵌入和支撑。这种支撑并不局限于产品和市场领域，在监管工作机制、投诉处理机制、旅游标准、从业资格互认、游客宣传引导机制、安全预警机制、突发事件处置、资源调配和授权获取等方面也应该有充分的考虑。同样，在拓展旅游市场、开发旅游产品、强化旅游外交的过程中，既要从我国宝贵的文化资源中吸取力量、获得灵感，更要考虑沿线国家的不同文化特色，从可接受性乃至文明互鉴互补的角度推动旅游交流和合作。

（二）找准突破口和立足点

在机制层面上，需要逐步梳理文化和旅游领域已经初步系统化的长效合作机制。整合包括文化部长会议、旅游部长会议等高级别文化旅游磋商机制，推动与沿线国家和地区建立包括非物质遗产在内的文化旅游资源交流与合作机制，形成文化遗产保护、世界遗产申报和全域旅游发展经验推广的联动和互补。需要全方位整合文旅资源，在上合峰会、“一带一路”国际高峰会议、世界旅游联盟大会、中美战略与经济对话、中欧领导人峰会、中国和中东欧经贸合作论坛、G20、APEC会议、金砖国家领导人会晤、中非合作论坛、中阿合作论坛、中拉合作论坛等机制性多边国际和地区峰会议程之中打文旅组合拳，从议题设置和方案提供上发挥文化和旅游的整体优势。

在平台层面上，优先整合沿线中国文化中心和旅游办事处的建设和布局，补齐网络，共享资源，完善功能。将综合性国际论坛、文化和旅游国际交易会、“一带一路”为主题的国际艺术节、博览会、艺术公园开发建设等一系列重大活动整合进“旅游年”“文化年”等国际交流平台。整合文化旅游数据库，打造公共数字支撑平台。

在产业层面上，以文化旅游、演艺娱乐、工艺美术、创意设计、数字文化为重点领域，提供沿线产业发展目录，重点是具有地域特色和民族特点的文化旅游项目，初步构建沿线IP库和文旅项目库。在征集发布、宣传推介、融资洽谈、对接落地等方面提供全方位服务。

（三）有意识地推广文旅融合

《“一带一路”文化发展行动计划（2016—2020年）》提出了“丝绸之路文化之旅”品牌，据此，将“熊猫走世界”“美丽中国”等精品旅游品牌有机注入，可发挥旅游推广联盟的战略性作用。在联合沿线国家和地区共同开发“丝绸之路”文化旅游精品线路及相关文创产品方面，邀请“一带一路”沿线国家和地区知名艺术家来华举行“意会中国”采风创作活动，推动沿线国家的国家级艺术院团及代表性舞台艺术作品开展交流互访，形成品牌活动。将正在执行的“丝绸之路文化使者”“一带一路”艺术创作扶持和“一带一路”文化遗产长廊建设等计划与旅游产品开发和旅游推广宣传结合起来。让文化使者成为旅游形象大使，让艺术创作扶持为开发文创旅游产品提供资源，让文化遗产长廊成为重要旅游吸引物。

二、构建常态化平台机制

“一带一路”旅游合作的建设需要长期稳定的平台支撑。有必要建立

"一带一路"旅游部长级会议机制，组建司局级工作组。实现常态化的人员互访、交流机制，通过定期举行工作会议，推进旅游合作。注重发挥世界旅游联盟（WTA）等相关国际组织的作用，形成多元沟通模式。

三、强化"一带一路"旅游市场推广

以自驾游、边境游作为突破口，以跨境旅游合作区、边境旅游实验区为重点，推动"一带一路"旅游合作深化。推动互办旅游年，扩大面向民众的宣传，拉近老百姓的心理距离。针对主要目标客源，以"海上丝绸之路"旅游推广联盟、"陆上丝绸之路"旅游推广联盟、"万里茶道"国家旅游推广联盟和澜沧江—湄公河旅游城市联盟机制为依托，将"一带一路"旅游作为整体对外推广。

四、推动旅游基础设施投资

尽快形成投资项目优选清单，以激发"一带一路"旅游投资活力。在项目选择上，以代表性和示范作用较强、有较强合作意愿等作为优选条件，确保项目推进。合作方式上，鼓励民间资本参与项目建设及运营，发挥各类投资主体优势。积极采用 BOT、PPP 等方式调动社会资本参与旅游基础设施建设与运营的积极性，激发民间投资活力。积极争取开发性金融支持，推动丝路基金、亚洲基础设施投资银行等在"一带一路"旅游基础与接待设施建设方面投资。

五、以签证便利化为重点

探索建立优化网络签证申请系统，允许外国游客经由网上申请签证。面向重点客源市场与"一带一路"沿线国家，实施多样化、动态化的免签政策。

探索将马来西亚、蒙古、菲律宾以及 25 个申根国家等我国入境旅游主要客源国分批次逐步纳入团体旅游免签的国家行列。

推动减少"一带一路"沿线国家的签证费用或采取免签、落地签等签证便利化措施。针对不同类型的入境客源，实施差异化的免签有效期与免签/落地签证模式。让更多的入境游客能从客源地更加便捷地直达我国，特别是中西部地区。

争取与未纳入我国ADS协议范畴的国家签署ADS协议，与沿线目的地国家和地区定期开展ADS执行情况评估，并适时、有序推进已有ADS协议的升级。积极将“丝绸之路”沿线国家纳入我国已经开始正式实施的144小时过境免签范围，推动双边市场互换。

积极逐步推动沿线各国之间取消边境管制，探索实行旅游者如持有其中一国的有效签证即可合法地到其他成员国旅游。结合边境旅游异地办证项目重启，争取更为便利的人员、车辆出入境措施，如推动自驾车车辆担保放行等。在上海合作组织成员政府间国际公路运输便利化协定的基础上，进一步推动“丝绸之路”沿线各国与地区公路承运人获得同等条件。

第七章
双向旅游投资

第一节　机会与挑战

一、总体状况

（一）宏观背景

2018年以来，中国经济面临越来越大的外部压力和结构调整的影响。特别是美国单方面挑起的贸易摩擦，使得全球经济面临更加不确定的未来，对经济形势的担忧加剧。内外因素的综合影响，使得我国需求侧指标表现不佳。全年固定资产投资增速低于GDP增速，基础设施投资增速仅为3.8%。消费品零售总额和按美元计价的外贸出口也有回落表现。进入2019年，由于中美贸易争端持续升级，对消费和投资的影响也越来越明显，中国经济面临更大的下行压力，整体消费增长将稳中趋缓。①

在此背景下，服务消费的重要性越来越凸显。其在国民核算的居民消费中的比重持续攀升，当前占比已接近50%，继续增长的动能强劲，成为我国经济发展的亮色。而旅游业发展及旅游消费，更成为支撑消费稳定增长和刺激更多投资的重要因素。

2018年，是文化和旅游融合开局之年。在"宜融则融、能融尽融；以文塑旅、以旅彰文"的工作思路指引下，我国旅游业围绕全域旅游发展，以文化拓展旅游经济发展空间，以供给侧改革促进品质旅游发展，表现出对经济的强力支撑。中国旅游研究院（文化和旅游部数据中心）的数据显示，2018

---

① 国家统计局官网。

年国内旅游人数55.39亿人次，比上年同期增长10.8%；入出境旅游总人数2.91亿人次，同比增长7.8%；全年实现旅游总收入5.97万亿元，同比增长10.5%，国际旅游收入1271亿美元，比上年同期增长3.0%。全年国际旅游收入1271亿美元，比上年同期增长3.0%，全国旅游业对GDP的综合贡献初步测算为9.94万亿元，占GDP总量的11.04%。旅游直接就业2826万人，旅游直接和间接就业7991万人，占全国就业总人口的10.29%。

正是由于旅游业的持续突出表现，《中共中央、国务院关于完善促进消费体制机制进一步激发居民消费潜力的若干意见》特别强调了旅游领域，也正是由于旅游业的持续突出表现，2019年3月5日，李克强总理代表国务院在十三届全国人大二次会议上作的《政府工作报告》中特别指出："发展全域旅游，壮大旅游产业"，对我国旅游业发展寄予厚望。这是继2017年首次将"大力发展全域旅游"写入《政府工作报告》，2018年《政府工作报告》再次提出"创建全域旅游示范区"，是对旅游业发展，特别是全域旅游的第三次强调。

（二）产业、市场与技术的互动

在客源地与目的地、市场与产品互动匹配上，针对人民对美好生活的向往，旅游产业表现出更多主动作为和市场创新。出境旅游方面，境外旅游目的地推出的便利签证措施，使出境旅游需求得以释放，不再局限于大中小城市，小镇居民越来越多地参与出境旅游。与此类似，随着出境游客日益成熟和旅游经验趋于丰富，出境目的地也出现了下沉趋势。出境游客的脚步迈得更远，不仅仅前往传统目的地，名不见经传的小众目的地也开始进入出境游客的视线，有小镇和乡村，也有极地冰川等人迹罕至之地。旅游产品选择越发多元化。新跟团游、定制游、微旅游、深度游、自驾游等个性化、体验性和品质化旅游消费需求稳步增加。出境游客对出境旅游的向往和需求，成为出境旅游新的动力源和灵感源泉。境外各旅游目的地和出境游相关企业开始更加关注并满足中国游客需求，量身打造贴心的"欢迎中国"服务。可以说，在"下沉目的地+下沉客源地"的"双下沉"趋势下，出境旅游产品开发和服务引导的战略意义日益凸显。

不仅出境旅游如此，国内旅游也同样在满足人民对美好生活的向往上发力。与出境旅游相比，这里有更为巨大的市场规模，也有着更为日常的出游选择。近年来我国旅游产品开发和接待方面的明显进步。不仅有3万左右景区存量，还有新产品和新目的地持续开发，且相当一部分集中在中西部区域，使得国内旅游空间分布更为均衡。尽管北京、广东、江苏、浙江等作为客源地和目的地的特征依然明显，但中西部的湖南、湖北、四川等传统目的地也开始输出客源，吉林、陕西、安徽、江西、云南、贵州、海南、福建、辽宁、重庆等地的游客净流入量较高。比较突出的是，冰雪旅游、避暑旅游、夜间旅游、博物馆旅游、研学旅行等分众市场不断涌现和加速成长。观光游船、主题灯会、文化体验活动受到追捧。博物馆、美术馆、文化馆和科技馆的展陈、活动和文创成为许多游客津津乐道的话题。以文化和旅游融合为代表的“旅游+”和“+旅游”，以及旅游要素的多样组合与升级已经成为旅游产品开发和新业态养成的基本出发点。

新技术的发展和广泛利用也为旅游经济发展提供了动力。移动互联网、大数据和人工智能不仅为游客提供了过去难以想象的便利和自由，还产生了可观的流量红利，为新业态和新商业模式培育成长提供了必要前提。动辄“10万+”的流量资源和智能化、精细化营销及服务从产业链全过程重塑旅游业。在技术持续强劲赋能的大背景下，对旅游市场的重新定义和认识成为行业发展的重要内容。

我国的旅游投资状况与旅游市场密切相关。如果不考虑类似新冠肺炎这样的严重突然冲击，未来的旅游市场，无论国内市场，还是出入境市场，都有较大的概率保持稳定。这种稳定是在巨大规模的基础上获得的。同时也呈现出高度集中的态势。有空间的集中，也有时间的集中。

总体来看，从2015年到现在，整个旅游市场已经进入了一个比较成熟也更加多元化的时代，越来越多地表现出对高质量、多元化旅游体验的迫切需求。未来不仅是机会，剧烈变化的时代和环境还会带来空前激烈的竞争。整体向上的市场环境并不能保证每一个市场主体具有竞争优势，流量等资源在快速向头部企业聚集。如果不能很好地适应这样的形势，那么可观的市场规模对于身处其中的市场主体来说就很难产生什么正向的联系。可能有的是更多的投入和成本，但在产出上面就表现得比较惨淡，体验到的现实就显得比较严酷。

二、结构特征

当前的市场有两个突出的特征。一是日常化；二是多元化。这两个特征已经带来了重要的变化，就是游客和市场的要求变高了，对产品和服务供给的要求变高了。

例如，原先游客只要解决“有没有”，现在却更加看重“好不好”“精不精”。市场主体提供的产品和服务如果和竞争者没有拉开差距的话，那么就会比较艰难。当然，当前面临的市场同样也是一个梯度分布的市场，各种层级的旅游需求实际上也存在，规模不小，发展潜力也可观。但是，满足这些与过去似乎类似市场的模式其实已经发生了天翻地覆的变化。产业链条不一样了，技术条件不一样了，竞争态势也不一样了。如果还按照原来的路子去应付，那么失败就是大概率事件。

三、竞争态势

必须认识到，现在的旅游竞争实际上是一个全球化的竞争。在这样的情况下，市场主体所面对的竞争不仅仅需要面对国内竞争，还需要面对国际上所有的目的地以及现实或潜在的所有可能竞争者的压力。

如上海，其实已经形成世界层级的竞争态势，市场和市场主体高度集聚，又高度竞争。在这样的背景下，国际品牌产品也好，本土产品也好，同样有活得滋润的，也有活得艰难的。这是为什么？当然，原因是复杂具象的，各有不同，很难简单说清楚。但是也可以断言，对市场感知的不敏感，对价值链塑造的不合理，或许就是形成这种差别的原因。特别在国际化竞争的态势下，往往更容易集聚和放大看上去可能微不足道的差别，最终表现出竞争上巨大的不平等。所以，必须意识到，市场主体能够利用的资源是世界范围的资源，可能触达的市场是世界范围的市场，竞争对手也同样是世界范围的竞争对手。有这样的一个观点，在考虑旅游投资的时候，就可以更合理、也更从容地来布局。

四、应对办法

现在有很多的出境游客到境外去，增长很快，有可观的消费。这样的一个市场，市场主体不应该视若无睹，应该想办法去接触、去开发，有两个解决办法。

解决办法一：在境内提供目的地的服务和产品，如主题公园产品，实现消费回流。

解决办法二：跟着中国游客走，积极参与境外的目的地开发和经营。这里可以是股权方面的投资，也可以是经营层面的合作。

第二节　旅游投资主要热点

包括文旅融合、全域旅游、“一带一路”、新业态和新政策等方面，这样的热点意味着公众的关注度加强和环境的改善。关注度加强，实际上某种程度上就是流量担当。环境改善，意味着市场主体能够利用的资源更加集聚，形成更加明显的竞争优势。事实上，旅游投资有很多因素远远不是参与者单独能够控制的，特别是政策方面的因素。某种意义上，这些热点出现的时候，实际上意味着环境的变化，这种环境变化有时候不是那么明显，但是值得关注。

一、全域旅游

全域旅游是旅游业供给侧结构性改革的关键所在，需要关注对于整个旅游开发、旅游投资思想的引领以及由此带来的变化。这带来了一些政策方面的宽容，政策方面的一些创新点，过往更为突出的与投资环境、营商环境不足相联系的问题，在全域旅游发展大背景下，实际上正在消解。这对于旅游投资，就意味着更多的可能性。

由此观之，全域旅游不仅意味着旅游业资源配置、管理能力、服务体系、产品业态及环境整治等诸多方面的整体升级，更涉及产业融合、厕所革命、公共服务提升、旅游用地政策优化等旅游投资的重点、难点问题。在产业融合上，全域旅游提倡“旅游+”和“+旅游”，为旅游投资指引了创新空间，提供了创新思路。旅游和文化、农业、工业、其他现代服务业、新型城镇化、乡村振兴、互联网、人工智能、装备制造等各个领域、各个层面、各种要素的融合互补，激活了更多资源，创造了更多旅游投资的着力点。在投资环境改善上，全域旅游带来了目的地投资环境的全面升级，为旅游产品的创新优化提供了能够依靠的平台。旅游治理能力的提升、配套政策的有效迭代、公共服务保障体系的完善都是全域旅游发展的应有之义，将有力促进旅游投资的便利化。

二、文旅融合

文旅融合是未来旅游投资的新动能。包括哲学思想、建筑工艺、民俗风情和文学艺术等多种形式的文化宝藏为未来的旅游投资开发提供了珍贵的资源。中国有居于世界前列、数量众多的世界文化遗产，有特色独具的博物馆、文化馆、图书馆，有古尔邦节、三月三歌会、开斋节、雪顿节、那达慕大会等传统民俗节庆，有反映民众现代美好生活的新民俗，也有多彩的旅游文化演艺和匠心独具的文创产品。这些资源的组合、联动和业态匹配为旅游投资开发提供了无限可能。经中国旅游研究院（文化和旅游部数据中心）综合测算，2019 年春节黄金周期间，40.5% 的游客参观了博物馆。从这些数据中，可以看到文旅融合给旅游投资带来的宝贵机遇。

三、“一带一路”

“一带一路”是旅游投资的重点领域。“一带一路”倡议的提出已经接近 6 年，在这段时间里，“一带一路”倡议已经得到国际社会的高度认可和积极参与。在“共商、共建、共享”的原则下，中国与沿线国家的政治互信持续增强，人文交流不断加强，经贸合作日益活跃，文化与旅游合作的规模日趋扩大。“一带一路”沿线蕴含着极为丰富的文化旅游资源，沿线各国世界自然和文化遗产近 500 项，中国有 52 项。沿线区域有着庞大的旅游市场体量和与之对应的高速产业成长。“一带一路”倡议的落地，带来了沿线基础设施可进入性的改善，带来了旅游便利程度的大幅度增长，这些都给旅游投资带来了更多可能。需要注意到，国内的文旅消费是梯度性的，实际上国际上文旅消费也是梯度性的。有一个成熟的市场，而且成熟市场的客源还在不断流动，会自动向有利的区域和目的地去，从而带来新的消费和新的机会。如果这样的区域原先投资环境完全不成熟，或者说没有这样的可能性，那么现在就已经完全不一样了，旅游投资的创新点和可能性就有值得关注的增长。可以说，无论对中国，还是对整个世界，“一带一路”区域的文化和旅游市场都极为重要，其所蕴涵的投资机会引人注目。

四、新业态·新政策

以冰雪旅游、夜间旅游经济等为代表的旅游新业态是值得关注的重点。

随着冬奥会的临近和人民对冰雪活动的逐渐接受，特别是相关数据表现出的市场规模和潜力，使得冰雪旅游成为投资界关注的热点。2017～2018 年冰雪季我国冰雪旅游人数达到 1.97 亿人次，冰雪旅游收入约合 3300 亿元，分别比 2016～2017 年冰雪季增长 16% 和 22%，预计到 2021～2022 年冰雪季，我国冰雪旅游人数将达到3.4 亿人次，冰雪旅游收入将达到6800 亿元，[①]“三亿人参与冰雪运动”目标将超额完成。联合国世界旅游组织（UNWTO）测算表明，2021～2022 年冰雪季我国冰雪旅游将带动冰雪特色小镇、冰雪文创、冰雪运动、冰雪制造、冰雪度假地产、冰雪会展等相关产业的产值达到 2.92 万亿元，冰雪旅游具有光明的投资前景。

近年来，我国夜间旅游参与度逐渐升高，夜间旅游已成为旅游目的地夜间消费市场的重要组成部分。2018 年，驴妈妈带有“夜游”标签产品订单数同比增长 9.0%。观光游船、主题灯会、文化体验活动成夜间旅游热度风向标。2019 年携程门票上线的灯会专题活动，游客数量同比增加了 114%，其中，珠江夜游、黄浦江游览、重庆两江夜游、武汉夜游长江、夜游三亚湾、鹭江夜游、闽江夜游、钱塘江夜游、“澜沧江湄公河之夜”歌舞篝火晚会和千岛湖夜游的市场接受度居于前列。

除此之外，在以《中共中央、国务院关于完善促进消费体制机制进一步激发居民消费潜力的若干意见》为代表的相关文件里，也为未来的旅游投资提供了方向上的指引，如海南建设国际旅游消费中心、自驾车、旅居车营地建设、中外合资旅行社从事旅游业务、邮轮旅游和游艇旅游、乡村旅游提质升级、生态航道建设、京杭运河具备条件航段的航运旅游功能形成、租赁式公寓、民宿客栈等旅游短租服务、落实带薪休假制度，鼓励错峰休假和弹性作息等。

---

① 资料来源：《中国冰雪旅游发展报告（2018）》。

这样的一些新业态和新政策，对于投资也是一个值得关注的借势过程。

第三节　旅游投资痛点分析和应对思路

一、痛点分析

（一）缺乏创新思维和落地思维

缺乏创新思维和落地思维是旅游投资长期存在的主要问题之一。一方面，景区乃至旅游目的地的“门票经济”依赖严重，旅行社的创收来源有限，酒店的价值线错配，大量OTA和旅游电商习惯以“价格战”开路；另一方面，又习惯于追概念，无论是全域旅游，还是旅游新业态，常常是一哄而起，一哄而散。还没有搞清楚投资逻辑及其与自身情况的匹配情况，就急于圈山占地，似懂非懂间进入，勉勉强强中维持，凄凄惨惨下退出。总体表现是同质化严重、投资回报不足、盈利模式模糊、运营管理薄弱以及资本资源对接不良等。特色小镇和特色民宿的开发就有很多此类情况，似曾相识、千篇一律的现象严重，投资回报难以令人满意。之所以问题长期存在，关键在于旅游投资的能力不足，创新能力、战略定力、运营能力、人才支撑等方面都或多或少存在问题。

（二）环境改善进度难以适应旅游模式快速迭代的需求

旅游投资涉及产业链条长，无论核心吸引物的开发，还是旅游基础设施配套、旅游要素升级和产品推广都与投资环节紧密相关，对环境的变化敏感。可是，相当部分环境要素往往难以为投资者控制，甚至不可控的情况也是常见。为了抓住机遇，旅游投资时常在不确定的环境要素下勉力推进，风险控制难以落到实处。以旅游用地为例，尽管现有国务院印发的《关于进一步促进旅游投资和消费的若干意见》和农业部会同国家发展改革委等11部门联合印发的《关于积极开发农业多种功能大力促进休闲农业发展的通知》等系列政策的支撑，但是由于情况复杂，依然落地缓慢。

（三）严重缺乏人才

无论何种旅游投资，都需要适宜的旅游人才支撑，但是当下旅游教育与旅游投资存在相当程度的脱节。不仅具有国际视野，且熟悉旅游资本运作、内容生产、开发运营和盈利模式构建的人才不足，而且熟悉文化和旅游融合，乃至对“旅游+”和“+旅游”等旅游投资新模式有深刻理解和实践经验的人才也不足。

主要表现在两个方面，学校的人才培养痛点和企业自身培养人才痛点。无论哪个渠道获取人才，旅游投资需要的人才大体应该对市场熟悉、对投资细分领域了解。可是现在的代际更替越来越快，原来是10年，现在只是5年、3年、2年。那么，当前发现、培育和使用人才的理念和现有能够利用人才本身的理念冲突，两种观念的融合是很大的问题。

可以说，无论数量还是结构，旅游人才都难以满足未来大规模、持续增长的旅游投资需求，这也是旅游投资长期需要面对的重要限制。

总的来看，旅游消费和与之相联系旅游投资已经成为当下推动经济发展的重要方面，这也意味着政策层面会有更大关注和支持力度，“全域旅游”“一带一路”和诸多新业态的共同作用，为旅游投资提供了更宽广的舞台，旅游投资的美好前景可期。也要充分认识到，旅游投资不仅面临经济环境大形势的考验，更面临投资思维固化、投资环境局限和人才支撑不足等诸多痛点、难点的掣肘，需要政府、产业和教育等方面的系统发力，方能为旅游投资创造更为美好的未来。

二、应对思路

中国旅游经济的未来发展体现在每一个市场主体的创新进步上，体现在对游客需求和梦想的精准把握上。通过创新，使游客感到体验梦想是能够体验得到、体验得起、体验得好的，这是旅游市场主体投资和运营成功的基本要求。无论是提升现有产品，运营、开发文化旅游新产品，还是探索旅游新业态发展，都应该努力争取在这些方面有所突破。

（一）强化聚焦力

市场主体需要持续地反复检讨：应该关注的核心是什么，最重要、最迫切需要解决的地方是什么？同时克服海量信息的困扰，特别是带有强烈诱惑的困扰：挣快钱的诱惑、更新创新模式的诱惑以及更多其他方面投机成功的诱惑。以主题公园投资为例，这个平台可以容纳很多资源，理论上可以开发出无限丰富的产品，有无数个投资方向，但是实际上，作为一个平台，它能够开发的产品和能吸纳的资源都是有限的。这突出体现在错过某个关键的窗口期，错过了这个时间，和市场错过了，未来要转过来就非常难。在这个过程中，抵制诱惑来聚焦，非常不容易。

（二）有限过程精细化

不仅仅是服务的精细化，更在于供应链的精细化。在吸引游客的时候，怎么能够在游客心里种草，并且能够满足他们真实的需求。这需要市场主体精细化的运作、考量。必须强调的是，这里的精细化应该是一种低成本的精细化，是市场主体能够使用的一种精细化，不是简单投入大量的资源来堆。同时，也是有限的精细化，而不是全过程的精细化。

（三）有效评估控制风险

现在巨量的旅游投资动辄关系到几十亿、几百亿的投资，这样的风险非常大，这是大风险。还有小风险值得关注，包括供应链上的风险、招人用人上的风险、对环境敏感性不够的风险等。这也不仅仅是市场上的风险，需要认识到，投资风险是一个综合性的指标。所有的风险积累到最后变成了投资风险，市场主体时时刻刻都需要评估控制风险。

成功的投资需要总体上、全过程的持续创新，只有这样，才能使痛点、难点得到解决。这是唯一能够成功的途径。在高竞争的市场环境下，怎么做好准备？就是全方位的创新，不走寻常路。未来需要以这样一种创新理念去满足人民对美好生活的追求，同时也保障投资的成功。

第四节　推动目的地居民态度改善

一、改善目的地居民态度的意义

旅游业发展的结果不仅仅是诱人的利益，负面效应也常常如影随形，如价值观的冲突、环境的恶化、噪声污染、物价提高、交通拥堵等，世界范围内都是如此。尤其值得注意的是，相当数量的旅游规划在过分注重吸引客流的同时，在某种程度上有意无意地忽视原住民利益，带来难以承受的严重后果。

发展旅游业给旅游目的地及其周边地区带来的社会、经济和环境变化必然会影响原住民态度，游客也不可能在一个对自己不友好的目的地拥有愉快体验。

维护和密切原住民和游客关系对于旅游目的地的长远发展有重要意义（Ap，Crompton，1998）。成功的旅游投资和相关规划应该有原住民的参与，这样才能深入理解原住民对发展旅游业的忧虑，并且在规划的过程中尽量避开或者减少这种可能的忧虑的发生。只有如此，才能减少原住民持有的负面态度，并获得他们对发展旅游的实质性支持，或者对游客友好，或者积极提供服务。但是，在贯彻理念的过程中由于没有系统厘清相关影响因素，难以有效指导实践。因此，有必要研究原住民对旅游的态度，并且阐明可能的影响因素。

二、原住民对旅游业态度的特征

（一）动态变化是原住民对旅游业态度的基本特征

在研究原住民态度时最强调的就是动态性和变化性（Doxey，1975）。

根据旅游发展的不同程度，多克塞（Doxey）将原住民的态度演变分为4个阶段。多克塞用“愉悦”（euphoria）概括原住民态度的最初阶段。此阶段特征是游客数量少、素质高，能尊重并能很好融入当地文化，景区针对游客的商业活动也相对较少，原住民和旅客之间不存在竞争关系，彼此和谐相处。多克塞用“冷漠”（apathy）概括第二阶段原住民的态度。此阶段游客数量增多，原住民对于游客的存在已经习以为常，原住民和游客之间的关系逐渐变得程式化。多克塞用“烦恼”（irritation）概括第三阶段原住民的态度。此阶段游客数量激增，原住民和游客对资源的竞争趋于激烈，游客的存在明显影响了原住民的生活，原住民对旅游业的发展表现出担忧。最后一个阶段是“反抗”（antagonism）。原住民对游客表现出明显的敌意，试图通过不合作乃至对抗努力减少旅游业发展带来的破坏作用。

多克塞的模型简单实用，能够帮助研究者在框架上把握原住民对于发展旅游业的态度。然而多克塞理论的更大挑战是，即便居住在同一地区，原住民的态度往往截然有别，一部分原住民持非常积极的态度，一部分则持否定的态度，而另一些人则持无所谓的立场。

（二）历史、文化和成员社区归属感的重要性

已有研究表明，原住民的历史和文化确实会影响他们的态度。人类学家科尔（Cole）对比了印度尼西亚两个村庄居民的态度。

两个村庄各方面条件非常类似，唯有不同是，一个村庄居民曾经有沦为奴隶的惨痛历史，研究发现，正是这个村庄的原住民对旅游充满恐惧（Cole，1997）。凯夫（Cave）和同事的研究也印证了历史和文化确实会影响原住民的态度（Cave，et al.，2003）。他们调查了新西兰奥克兰的原住民对拟议建设太平洋岛屿文化中心的态度。

当地部分原住民的祖先来自太平洋岛屿，另一部分的祖先则来自欧洲。不同背景原住民的态度迥然有异。源自太平洋岛屿的原住民态度积极，而大部分源自欧洲的原住民则漠不关心。不同研究者在社区归属感的定义中都强调对社区持有的亲和的情感（Mc Cool，1994；Sundblad，2011）。已有研究表明，社区归属感强的个体生活满意度更高（Sampson，1988）。通常的假设是，个体居住年限（length of residence in year）越长、家庭关系（family tie）越紧密、社会优越感（social advancement）越强，则个体的归属感越强；而社区人口的数量和密度越大，则个体的归属感越弱（Ritzer，1996）。

（三）成本—收益分析是决定原住民态度的关键

原住民获益与态度关系的研究大多在社会交换理论框架下进行。社会交换理论（social exchange theory）假设所有人类关系的基础是主观上的成本（costs）—收益（reward）分析（Emerson，1976）。成本是个人或者群体主观知觉到一段关系所带来的负面因素，比如时间、金钱或者努力；而收益则指个体知觉到该关系所带来的利益，可以是经济形式的金钱或者非经济形式的支持、陪伴等。一种关系的价值可以通过主观的成本减去收益来计算，收益大于成本则价值为正，收益小于成本则价值为负。按照行为主义心理学的刺激—强化原理，价值可以预测关系的走向。如果价值为正，那么人们更可能去维护这段关系；如果价值为负，那么人们更可能终止该关系。根据社会交换理论，原住民对于旅游业的态度取决于发展旅游业所带来的主观价值。

这种价值可能以经济的形式表现出来，也可能以非经济的形式表现出来。经济上的价值包括个人收入、税收、就业岗位等；非经济形式的价值包括社区自豪感、多元文化或环境、更多的娱乐设施和餐饮选择、更好的购物环境、

更好的基础设施建设等。

经济上的价值和非经济的价值可能有同等重要的作用。研究表明，当原住民知觉到旅游业带来经济利益的时候，他们很可能会对旅游业持有更为积极的态度（Chuang，2010），哪怕这种经济利益只是预期的（Allen，et al.，1993）。对旅游经济依存度比较高的地区，原住民对旅游业的态度常常非常积极，并且更可能把这种积极的态度转化成行为。

三、改善原住民态度的途径

无论认可还是否定，或者在两者之间摇摆，原住民态度的变化是可以预测和控制的。

（一）动态系统管理

由于原住民的态度是动态变化的过程，这就要求给原住民提供准确、可靠的旅游开发信息，全面介入原住民的态度变化过程。在开发前、开发中和开发后全过程监控和管理旅游开发和原住民的关系。在旅游开发之初，就将社区划分为不同类型，找到社区的特点，根据特点来全过程监控原住民态度变化，在实践中逐渐消除原住民的偏见，为旅游业发展提供一个良好的环境。同时引入旅游教育和培训，根据原住民社会的价值标准和原住民对旅游业态度形成与发展的规律，为原住民提供有目的、有计划、有组织的旅游教育，促使原住民产生内在的思想运动，以形成发展旅游业所期望的积极态度。考虑到历史、文化和成员社区归属感是影响原住民态度的重要因素。因此，在旅游开发中，需要充分评估历史、文化和成员社区归属感对原住民态度的影响，引入综合指标有效调控原住民的态度，针对具体指标反映的不同情况对症下药。以居住年限指标为核心，在缜密调查的基础上引入籍贯、房屋状况、社会联系能力、人际关系、血缘关系等诸多因子，细分并且预测原住民在社区归属感框架下的诉求。

（二）靶向精准调整

有的放矢地调谐原住民对于旅游业发展的态度，增进正面感知。对于有着殖民历史，对外来文化抱有戒心甚至恐惧的旅游开发地，应该致力于从细节处消除疑虑，用频密有效并且易于接受的交流方式阐释旅游开发项目能够给当地经济社会发展和文化传承带来的利益，获取原住民认同。在综合因子

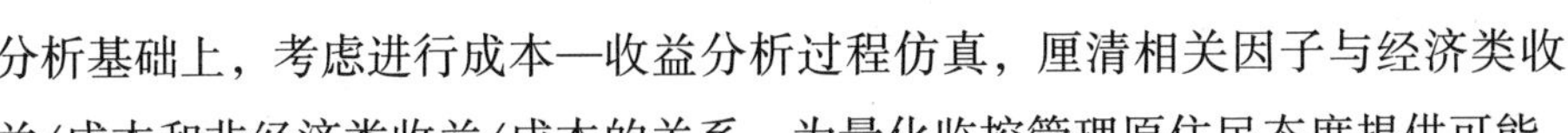

分析基础上，考虑进行成本—收益分析过程仿真，厘清相关因子与经济类收益/成本和非经济类收益/成本的关系，为量化监控管理原住民态度提供可能。

（三）期望控制和实现

必须注意到，社会交换理论强调个体主观知觉到的价值，这和旅游业能够带给他们的实际价值明显有别。

这也给我们两点启发：一方面，旅游开发者在项目启动之初要对原住民解释清楚发展旅游可能给他们带来的收益，避免对旅游产生不切实际的高期望，从而导致他们将来对最终的旅游业开发失望，形成难以控制的负面态度；另一方面，原住民往往低估或者难以感受旅游带给他们的各种利益，特别是非经济利益。因此，与之相关的信息需要有效整理，并且通过恰当的途径适时公开。

第八章

国际旅游交流中的文旅融合

第一节　文旅融合的表现和作用

在对外交往中，旅游和文化融合已经取得了巨大成就。当前，支撑国家文化软实力实现历史性跨越的正是文化和旅游交流融合所形成的伟力。

在入境游客眼里，中国文化发展的成就、数字和蕴含在其中的文化软实力是那些让人赞叹、称奇的世界文化遗产和数量众多、特色独具的博物馆、文化馆、图书馆和演出等。同样，在旅游吸引物名单上，文化也是境外游客关注的重点。北京故宫、甘肃敦煌、西安兵马俑、苏州园林等文化旅游精品景区是境外游客的“打卡”胜地。入境游客可以沉醉于以周庄、西塘、婺源、西递宏村等为代表的古村落，也可以在古尔邦节、三月三歌会、开斋节、雪顿节、那达慕大会等传统民俗节庆中尽情狂欢，还可以观赏以印象系列为代表的多彩旅游文化演艺，旅行结束能够带上剪纸、陶瓷、织绣、泥塑、皮影等融汇匠人心血和智慧的旅游和文创商品。

在旅游和文化的交流融合过程中，可以更深刻地体会到中华传统文化是提高国家文化软实力最深厚的源泉。旅游是不同国家、不同文化交流互鉴的重要渠道，是传播文明、交流文化、增进友谊的桥梁。旅游交流重在人与人之间的交往，对增进人民之间的相互了解和友谊、奠定国家间友好的民意基础，具有不可替代的作用。旅游能够有效推介中华文化，展示国家实力，宣传对外开放成果。近年来，我国文化和旅游部门通过举办“旅游年”，参加柏林、莫斯科、伦敦等国际旅游展会，组织“熊猫走世界”、“美丽中国——古老长城”走进美洲、“美丽中国——京杭大运河”走进德法西、“美丽中国——天下黄河”走进俄捷匈、“美丽中国——丝绸之路”走进意土哈、“美丽中国——海上丝绸之路”走进东南亚等活动，不仅巩固了我国作为世界重要旅游目的地的地位，更推广了中华文化，提升了我国的知名度和美誉度。我国人民与国外民众通过零距离接触，民众之间的关系更加亲近。美好的旅游体验会促使入境游客在社交媒体上分享他们在中国的所见所闻，有助于形成对中国更加积极的舆论环境。

出境游客是中国文明和文化的重要传播者，他们带着中华文化走出去，通过与外国民众接触，提升中华文化的影响力。出境游客的言行举止、所思所想所为，往往在细微处传递中华文化脉络。近年来，我国已经连续多年成为世界排名第一的客源地，是全球规模最大、最有消费吸引力的客源市场。在市场加速扩展以及对目的地经济社会发展意义不断提升的背景下，世界各国越发看重中国旅游市场。不仅加大了针对中国出境游客的促销力度，还力图理解中国游客的所思所想，尽量满足中国游客的需求。在签证便利化、航班增开加密、中文环境优化、银联支付落地等方面系统发力，期望在吸引中国游客方面取得竞争优势。学习中国文化、了解中国文化渐成热潮。可以说，每个走出国门的中国游客和来华旅游的外国游客，都是中华文化的传播大使。巨大的入出境旅游交流规模是推动“中华文化走出去”的有效途径。中国每年超过 3 亿人次的入出境游客，成为宣传和强化中国美好形象、增进情感认同的重要载体。

文化和旅游交流融合的经验表明，在国家文化软实力的塑造提升上，必须坚持“宜融则融、能融尽融；以文促旅，以旅彰文”，用旅游传播文明，用旅游彰显文化自信。当下，文化和旅游行业要认真贯彻 2019 年全国文化和旅游厅局长会议精神，整合海外文化和旅游工作机构，统筹安排交流项目和活动，同步推进文化传播和旅游推广；发挥好博物馆、美术馆等文化机构和旅游景区景点、旅行社、旅游饭店在传播中国文化方面的重要作用，引导各类导游、讲解员和亿万游客成为中国故事的生动讲述者、自觉传播者；综合发挥文化和旅游各自优势，推动更多优秀文化和旅游产品走向海外，进入主流市场，影响主流人群，把中华优秀传统文化展示好，把当代中国发展进步和中国人民精彩生活表达好，为提高国家文化软实力和中华文化影响力做出贡献。

一、旅游供给要坚持正确价值观

好的产品和好的推广是旅游市场主体的立身之本。近年来，我国旅游业发展迅猛，竞争也随之白热化，有些为吸引流量，推广时一味在“三俗”、恶搞、戏说等方面下功夫，甚至在产品设计上拼命搏出位，可谓乱象纷纷。

以景区为例，其价值在于给游客美好的体验，增强向上、向善的动力。在观赏名山大川、感慨古今风流和感受民俗百态的旅游活动中，可亲近、可理解、易分享、有温度的优秀文化内核丰富可观。文化和旅游的有机融合，增加的不仅仅是旅游的吸引力，更体现了对优秀文化的珍惜和保护。无论国内还是国际游客，相当部分的目的地是旅游景区，应该有优质的文化旅游产品与之相匹配，这也是一份沉甸甸的社会责任。

取悦游客无可厚非，这体现的是商业逻辑，但务必有底线，这体现的是价值逻辑。两种逻辑间的关系要把握到位。如果视社会主义核心价值观若无物，置公序良俗于不顾，利用人性阴暗面进行景区推广，用劣质三俗产品诱惑游客，无疑违背了正确的价值观和公序良俗。

事实上，有关部门早对此有所规范。我国旅游行业核心价值观要求，“必须进一步促进文化与旅游的融合发展，深度开发文化旅游产品，繁荣旅游文艺演出，积极倡导健康文明的消费文化，全面提升旅游目的地文化建设水平，通过旅游促进社会主义文化大繁荣大发展”。今年国家发改委联合原国家旅游局等部委联合发布的《关于规范主题公园建设发展的指导意见》中也提出，“深入挖掘中华优秀传统文化内涵，鼓励将中国元素融入主题公园游乐项目中，积极弘扬社会主义核心价值观，讲好中国故事，传承好中华文化基因”。这些都对景区推广和产品开发有重要的指导意义。

文创产品的设计和开发也常见审美的问题。西安钟楼旁曾有一处“变脸兵马俑”装置，这是一种交互式体验设备，民众可以通过电脑扫描脸部照片，将自己的面部表情投影到巨型“兵马俑”的屏幕上，如同自己变身为“兵马俑”一般。特殊的体验效果、风格迥异的形象，令其照片、视频在网络迅速走红。孰料此装置刚一树立，就有不少人吐槽其造型“吓人”“惊悚”，甚至指责“有损文化主题”。由于争议太大，主办方不得已把能够变脸的秦俑拆除。

究其原因，一是前期准备不足。“变脸秦俑”体量大，又设置于游客经常到访的地区，事前没有考虑与周围的环境是否协调。二是灯光互动装置和面部呈现方式的设计有缺陷。从网友晒出的图片看，“兵马俑”面部色彩杂乱，尺寸比例失衡，给人以不和谐的感觉。

出现的这些问题与设计者的审美修养有关。文创产品设计开发，不是简单的穿衣戴帽和符号移植，也不是简单地堆叠高科技，还需要有对文化基底的深入了解，有健康的审美价值取向。既能发现、感知、欣赏和评价美，也能够生成和创造美。在这个过程中，还要考虑受众的接受度。也许“变脸秦俑”和秦俑主题酒店的设计者觉得是美的，奈何与游客对“美”的理解不同，难以引发审美共鸣。“变脸秦俑”不是孤例。也有兵马俑主题酒店大胆“创新”，既不考虑兵马俑的历史文化，也不考虑客人的感受，房间里到处都有兵马俑。主题倒是鲜明了，文化也很突出，其结果却是吐槽声一片。

在依托具有深厚历史文化积淀的文物开发文创产品的过程中，更要有对文化的敬畏，讲究娱乐性，跨界开发要有底线和红线。

无论地方政府，还是国有企业，应该在弘扬优秀文化、抵制糟粕文化方面起表率作用。往深一步看，这也体现出当前开发文化旅游产品的想象力和手段还有很大改善空间。我国数之不尽的文化宝藏为开发文旅产品提供了得天独厚的条件。但是，如何开发出游客喜闻乐见的旅游产品是一个亟须创新解决的问题。让文物活化，让历史可亲，还有很长的路要走。

二、文物旅游的新时代变革

文物是旅游资源的基本组成部分，具有历史、艺术、科学价值的古遗址、古墓葬、古建筑、石窟寺和石刻，与重大历史事件、革命运动或者著名人物有关的以及具有重要纪念意义、教育意义或者史料价值的近代现代重要史迹与代表性建筑等文物遗迹往往成为开发旅游产品、吸引游客参观的重要吸引物。我国各级各类文物保护单位是旅游业发展的重要组成部分。可以说，在文旅融合的历史进程中，文物保护利用一直都在不断探索进行之中，文旅融合与文物保护利用互补促进，取得了有目共睹的成绩。全国已形成了一大批诸如故宫等具有国际知名度和影响力的文物旅游目的地，有特色、有影响、有效益的文物旅游景区和产品越来越多。文物旅游产品渐成体系，“丝绸之路”起点城市等特色文物旅游产品不断涌现。文物景区标准化建设、文化创意旅游产品研发和博物馆建设进展明显，文物旅游发展环境更加优化。

也要看到，在文物旅游发展过程中还存在诸多问题：文物保护利用不平衡、不充分的矛盾依然存在，文物资源促进经济社会发展作用仍需加强；一些地方文物保护主体责任落实不到位，文物安全形势依然严峻；文物合理利用不足、传播传承不够，让文物活起来的方法途径亟待创新；依托文物资源讲好中国故事的途径有待进一步探索，中华文化国际传播能力亟待增强；文物保护管理力量相对薄弱，治理能力和治理水平尚需提升。《关于加强文物保护利用改革的若干意见》发布前，各地已经针对这些问题，做了不少有益探索。如 2017 年 7 月，陕西省旅游发展委员会和陕西省文物局联合发布了《关于加快推进旅游与文物融合发展的实施意见》。

在构建中华文明标识体系、创新文物价值传播推广体系和完善革命文物保护传承体系过程中，在党对文物工作的坚强有力领导下，既能依托价值突出、内涵丰厚的珍贵文物，开发具有国家文化地标和精神标识以及国内、国际影响力较强的旅游目的地，又能围绕构筑中国精神、中国价值、中国力量和增强中华民族的自豪感和凝聚力培育开发更广阔的专题旅游市场，使供给侧和需求侧有机结合。而中华文明研究、中华文明探源工程、考古中国重大研究、中华文物全媒体传播计划、革命文物保护利用工程（2018—2022 年）、长征文化线路整体保护、长征文化公园建设以及革命文物数据库建设等工程或项目，实际上又为文物旅游产品的开发利用提供了具体支撑。

文物旅游发展过程中，保护和利用都不能偏废。在保护方面，2018 年出台的《关于加强文物保护利用改革的若干意见》要求开展国家文物督察试点、建立文物安全长效机制、建立文物资源资产管理机制和建立健全不可移动文物保护机制，突出了系统平台建设和长效机制建设。针对文物安全形势严峻、文物违法犯罪案件和文物安全事故多发的地区，通过派驻文物督察专员重点监督检查，督查督办。

在利用方面，“底线”意识和提升意识并重。要求强化文物单位的基本公共文化服务功能，盘活用好国有文物资源。在此基础上，又明确提出健全社会参与机制，坚持政府主导、多元投入，调动社会力量参与文物保护利用的积极性。支持社会力量依法依规合理利用文物资源，提供多样化多层次的文化产品与服务，促进文物旅游融合发展，推介文物领域研学旅行、体验旅游、休闲旅游项目和精品旅游线路。值得注意的是，《意见》提出了更多动力机制设计。对国有博物馆“放权”，如“鼓励文物博物馆单位开发文化创意产品，其所得收入按规定纳入本单位预算统一管理，可用于公共服务、藏品征集、对符合规定的人员予以绩效奖励等”；对非国有博物馆“解绑”，提出“落实非国有博物馆支持政策，依法依规推进非国有博物馆法人财产权确权”；“加快公布文物领域政府购买公共服务指导性目录。探索对文物资源密集区的支持方式，强化绩效管理。积极引导鼓励社会力量投入文物保护利用”。通过开展文物流通领域登记交易制度试点、建立全国文物购销拍卖信息与信用管理系统，接入全国信用信息共享平台，开展守信联合奖励和失信联合惩戒以及规范文物鉴定机构发展，多层次开展文物鉴定服务等工作，对非国有博物馆的藏品征集、鉴定和交流提供了保障。从这些条款看，民间资本进入文物旅游领域有了更多保障和支持，前景更加光明。

可以工业遗产为例具体分析文物和相关产业的融合与互补。按照工业和信息化部印发的《国家工业遗产管理暂行办法》（以下简称《办法》）定义，国家工业遗产“是指在中国工业长期发展进程中形成的，具有较高的历史价值、科技价值、社会价值和艺术价值，经工业和信息化部认定的工业遗存”。

长期以来，国家层面一直积极支持工业旅游发展和工业遗产保护工作。2016 年，国务院发布的《“十三五”旅游业发展规划》提出，鼓励工业企业因地制宜发展工业旅游，促进转型升级，推出一批工业旅游示范基地。同年，原国家旅游局、工信部和财政部发布的《全国工业旅游发展纲要（2016—2025 年）（征求意见稿）》提出，到 2025 年初步构建协调发展的产品格局，成为我国城乡旅游业升级转型的重要战略支点。工业和信息化部、财政部印发的《关于推进工业文化发展的指导意见》，从工业文化的角度形成工业旅游发展的思路，提出夯实工业文化发展基础和发展工业文化产业等基本任务。2017 年，中共中央办公厅、国务院办公厅发布的《关于实施中华优秀传统文化传承发展工程的意见》中提到，加强工业遗产保护工作。

应该认识到，工业遗产是工业旅游发展的核心资源和重要基础，国家工业遗产更是如此。但在发展工业旅游的实践中，有的地方冠以“工业遗产”之名，却无工业遗产之实；没有历史的传承，只有利益的考量。或者是山寨盗用，胡乱拼接；或者是滥用演绎，戏说无据。“假、差、乱”等现象时有出现，难以有效传播科学知识，游客的体验也很差。

《办法》突出了遗产所有权人的主体作用。坚持政府引导、社会参与，保护优先、合理利用，动态传承、可持续发展的原则。《办法》鼓励和支持公民、法人和社会机构通过科研、科普、教育、捐赠、公益活动、设立基金等多种方式参与国家工业遗产保护利用工作。不仅充分利用社会力量，在工业旅游发展过程中，有引导、有保护、有动力、有监督，相关方一个都不能少。预示着更多部门、更多方面将主动投身于工业遗产保护和利用工作。在这个过程中，相关部门都将或多或少，或直接或间接促进工业旅游的发展。同样，工业旅游将促使工业遗产真正“活”起来，不再是冰冷的，而是温暖的；不再是僵硬呆板的，而是可亲可近的。例如，上海工业旅游经典线路中由“船厂1862—杨树浦水厂—怡和1915—民生粮仓”组成的工业遗存体验之旅就独具创意，有效拉近了人们与工业遗产的距离。

三、博物馆的高质量文化产品供给

近年来，我国博物馆事业发展迅猛，每年新增博物馆数量接近200家，2018年在各级政府备案的博物馆创造了5136家的新纪录，但是在规模数量和供给质量上依然有较大的提升空间。

从数量规模上看，根据文化和旅游部官方网站测算，我国平均每27万人才拥有一个博物馆，供给数量明显偏小。世界范围内的博物馆发展经验表明，经济社会发展达到一定水平后，一般平均10万~20万人就拥有一座博物馆，欧美等发达国家的数字普遍高于我国。如比利时、丹麦等历史文化遗产丰富的国家，平均每1万~2万人就拥有一座博物馆。近年来，我国“博物馆热”逐渐升温，每年参观博物馆的人次都在1亿人左右，2018年参观人数达到10.08亿人次，对我国的博物馆供给构成较大压力。[①] 在这个过程中，两个“集中”特征明显：一是参观人群集中在故宫、兵马俑等重点博物馆。即使在平时，这些博物馆也往往人满为患，人们要进入博物馆参观不得不忍受数

① 刘玉珠：2018年底中国博物馆参观人数已达10.08亿人次。http://finance.sina.com.cn/roll/2019-03-03/doc-ihsxncvf9496326.shtml。

小时排队的煎熬。来时艰难，去时匆匆，体验难称圆满。与此同时，不少小型博物馆、专业博物馆门前冷落，珍稀藏品难觅知音。二是参观集中在特定时段，如节假日。根据中国旅游研究院发布的数据，2019 年春节 7 天假期，有接近 2 亿人次游客选择了参观博物馆。巨量的参观规模、快速的增长和明显的结构分布，使得供需之间的失衡分外突出，博物馆人头攒动乃至人山人海成为很多游客的“深刻体验”。

供给质量看，虽然注重参观者体验和感受的博物馆开始出现，如故宫博物院、中国国家博物馆、首都博物馆、苏州博物馆、湖北省博物馆等已经成为网友的“打卡”之地，但博物馆产品质量的整体突破性提升尚未完成，“两个欠缺”明显：一是“欠缺”在形式上。有些博物馆过分强调学术性，说明解说中充斥着晦涩的术语，难以为观众理解，虽阳春白雪，却曲高和寡，不利于参观者亲近；相当数量博物馆展陈手段单一、呆板、陈旧，展陈周期长，挖掘主题肤浅，运用现代技术少，与参观者的互动少，在主题策划、故事创造、路线规划、解说设计、灯光布置等细节上用心不够，缺乏观赏性、趣味性、娱乐性和可参与性。二是“欠缺”在保护和内容管理上。有些博物馆过分强调娱乐性，一味迎合部分观众的低俗趣味，却忘记了博物馆的根本目的之所在，没有守住初心。有些博物馆过分强调商业利益，对文物保护重视不足，缺乏对藏品清理、鉴定、登记、备案和建档等基础性工作的科学细致规范；有些博物馆在展陈创意或者讲解说明上胡乱拼接，或者是滥用演绎，戏说无据。“假、差、乱”等现象时有出现，参观者难以获取知识、了解历史。

博物馆的数量规模和供给质量在很大程度上事关人民群众的幸福感和获得感。加大满足人民群众需要的高质量文化产品供给是未来博物馆工作的主旋律。需要注意的是，博物馆建设是一个长期的过程，“成长期”可能比较长，“烦恼”也会比较多，这实际上是“人民日益增长的美好生活需要和不平衡不充分的发展之间的矛盾”的体现。我们不仅要构建好博物馆未来发展的路线图，还需要做好长期努力的准备。例如，需要明确博物馆“不是一般的庙会、集市，也不是娱乐场所，而是高尚社会风气展示和引导的场所”，建设博物馆的根本目的是获取知识、了解历史、形成共识、实现知识创造和增值；需要明确创新是博物馆展览、教育乃至社交等基本功能发挥的主要动力。“让收藏在博物馆里的文物、陈列在广阔大地上的遗产、书写在古籍里的文字都活起来”“一个博物院就是一所大学校。要把凝结着中华民族传统文化的文物保护好、管理好，同时加强研究和利用，让历史说话，让文物说话”。要通过创新让公众愿意看、看得懂，体验到博物馆“高雅而不深奥，亲和但不媚俗”的产品，用心讲好“中国故事”；需要推动博物馆更多地参与中华文明研究、中华文明探源工程、考古中国重大研究、中华文物全媒体传播计划、革命文物保护利用工程（2018～2022 年）、长征文化线路整体保护、长征文化公园建设以及革命文物数据库建设等工程或项目，提升博物馆工作的社会认同，获取更多项目支撑和创意源泉；要用系统思路解决系统问题，不仅要贯彻好《关于加强文物保护利用改革的若干意见》和《关于实施革命文物保护利用工程（2018—2022）的意见》，推动博物馆改革发展的实施意见出台，还要统筹各方面力量，抓住短板，瞄准难点，夯实研究基础，强化保护职能，探索利用创新整合各方资源、鼓励社会参与和拓展传播推广渠道，在落实上下功夫，让博物馆发展呈现出新气象，稳健地走上新轨道。

四、欢乐春节中的文旅融合

（一）优秀传统文化和节日资源的挖掘

春节是中华民族最隆重的传统节日，承载着厚重的历史文化和民族传统，象征着中华儿女对美好生活的期盼和祝福。这个时候，无论在世界哪个角落，都能感受到中国年的味道。中国红、中国结、对联灯笼、舞狮舞龙、鞭炮烟花和各种语言、各类腔调的祝福吉祥语，成为这一时段的全球性常见元素。新加坡、马来西亚、毛里求斯、苏里南、加拿大等 10 余个国家还把春节设定为法定假日，普天同庆中国年有了更多的全球化注脚。

可见，春节不仅是中国的节日，也正成为世界性的节日。此种现象的出现，和春节的节日内涵有关。春节融汇了厚重的历史文化和民族传统，象征着人们对美好生活的期盼和祝福，容易引起普遍共鸣。可以说，在某种程度上，春节已经成为人类命运共同体的重要映照。

此种现象的出现，同样和中国的发展有关。中国改革开放 40 多年取得的伟大成就，共建美好世界的理念主张，自然引起世界的广泛关注。综合并具象化了中华优秀传统文化和当代中国人所思所想的春节，理所当然成为了解或搭乘中国快车的绝佳机会。对于有心人，中国市场和投资机会，或许就隐藏在春节的红火喜庆氛围之中。需要关注的是，春节也是中国游客出境旅游的高峰期。在出境旅游目的地吸引和欢迎中国游客的众多举措里，“欢乐春节”也成为重要的内容之一。出境目的地排名前列的泰国、日本、越南、韩国、新加坡、马来西亚、美国等国家都举办过丰富多彩的“欢乐春节”活动。而这些“欢乐春节”活动，也吸引了众多中国出境游客。

此种现象的出现，也与坚持不懈地创新性“推进国际传播能力建设，讲好中国故事、传播好中国声音，向世界展现真实、立体、全面的中国”有关。连续举办多年的“欢乐春节”，通过春节实现了中国优秀传统文化的创造性转化和创新性发展，从而把超越时空、魅力独具且富含当代价值的文化精神有效地传播出去，将既立足中国又面向世界的中国文化创新成果有效地展现出来。作为中国对外文化交流领域的旗舰项目，“欢乐春节”已成为覆盖面最广、参与人数最多、影响最为广泛的重要活动之一。

（二）“欢乐春节”的表现形式

“欢乐春节”的内容和表现多元。有技艺精湛的民族歌舞，有多姿多彩的民族音乐，有品茶、剪纸和书法交流，也有武术和民俗表演。不仅为当地民众奉上了“精神盛宴”，还将中华民族五千年来最根本的文化基因充分表现出来，其中所蕴涵的世界观、人生观、价值观和审美观也有了更多与其他文明文化交流互鉴的机会。

“欢乐春节”也出现在更多的经典场景中。“欢乐春节”带来的节目是精彩的，无论是艺术还是制作都堪称精品。“欢乐春节”带来的节目是接地气的，力图将中华文化中最有分量、最有质量，同时又容易引起兴趣和共鸣的文化精髓展现出来。“欢乐春节”出现的场合往往是当地民众最热闹的地方。经典表演活动配上经典场景，已经成为各国“欢乐春节”的鲜明标记。2020年春节期间，英国科学博物馆的“中国之夜”、法国里尔大区议会厅的“我与中国有个约会”、阿根廷国家公园广场的春节庙会、菲律宾马尼拉黎刹公园的“春节倒计时文艺晚会”、新加坡配合开埠200周年举行的“丰年稔岁烟花夜”以及泰国北榄坡的春节花车大巡游等活动都为当地增添了欢乐气氛。

“欢乐春节”致力于让世界各国人民认识中国春节、共享中华文化。已经成为不少国家和地区人们喜闻乐见、自然参与的活动。在这个平台上，有着众多中国好故事，传播着世界人民喜闻乐见的中国好声音。在这里，传统与现代同在、情感与理性交融，见人见物见生活。在节目会演、舞龙舞狮和花车巡游等活动中，当地居民踊跃参与，自得其乐。外国民众通过“欢乐春节”，不仅能够亲身感受极具中国味的年节气氛，尽享快乐时光，还能从专场演出、展览、庙会、校园联欢、美食品鉴、广场巡游、非遗互动、讲座论坛等活动中接触、体会和理解中华民族的思想信仰、愿望梦想、文化心理和生活娱乐。通过“欢乐春节”活动，坚持走中国道路的伟大成就、共建美好世界的理念主张，都融进丰富多彩的活动之中。“欢乐春节”不仅吸引了多国元首政要拜年祝贺和现场助阵，还吸引了各国民众的热烈参与。

（三）经验和模式总结

“欢乐春节”在优化我国对外传播工作格局、创新外宣理念以及形成多方合力机制上走出了一条成功之路。“欢乐春节”的成功，在于摆脱了依靠简单表层的文化符号，集中力量把中国优秀传统文化的精神标识提炼和展示出来，把优秀传统文化中具有当代价值和世界意义的文化精髓提炼和展示出来。

1. 找对切入点和精选主题

“欢乐春节”以欢乐为核心，强调阖家团圆、天人合一、万象更新的人文理念，得到了海外民众的普遍认同和欢迎。在“欢乐春节”活动的遴选上，主题选择和活动组织都以高质量为指向，注重展示当代中国的发展进步和人民群众的精彩生活，推动反映当代中国发展进步的价值理念、文艺精品、文化成果走向海外。“欢乐春节”举办的活动，入乡随俗又入情入理，采用境外民众听得懂、易接受的话语体系和表述方式，从而能够影响主流人群，影响力也越来越大。

2. 坚持文旅融合方向和注重跨界融合

文化是沟通心灵的桥梁，是各国人民增进相互了解和友谊的重要桥梁和纽带。旅游是不同国家、不同文化交流互鉴的重要渠道，是传播文明、交流文化、增进友谊的桥梁。“欢乐春节”的各种文化活动在吸引当地居民的同时，也为我国入境旅游培育了大量潜在客源。春节期间出境的中国游客，在异国他乡看到来自祖国的新春活动，听到熟悉喜庆的曲调，那种自豪感会油然而生。此时此刻，旅游在传播文化、培育社会主义核心价值观方面的重要作用得到彰显。同时，配套的推广活动往往又极大地提升了“欢乐春节”的影响力。在运行模式上，“欢乐春节”项目更多采用市场化方式运作，既有指导规范，又有支持培育，既有先锋队也有主力军，文化事业和文化产业同时发力，扩大和满足了海外对中国文化的多样化需求。

需要指出的是，文化和旅游工作的共同目标是满足人民美好生活新期待和促进经济社会大发展，都是为了推动文明交流互鉴和人类社会进步，增强国家文化软实力和中华文化影响力。“欢乐春节”是很好的突破口，也是文旅融合的典范，未来应按照“以文促旅，以旅彰文”的方针进行优化，通过观念的提升、文化资源的利用、文化创意的引入，进一步提升“欢乐春节”相关旅游产品品位、丰富旅游业态、增强产品吸引力，拓展与“欢乐春节”相关的国际旅游发展空间。发挥公共文化机构、对外文化交流平台等的作用，促进旅游推广，为海外游客提供更加优质的服务。发挥旅游产业化、市场化优势，丰富“欢乐春节”文化产品供给方式、供给渠道和供给类型，扩大“欢乐春节”受众群体和覆盖面，从而增强国家文化软实力、提升中华文化影响力。

可以预期，未来通过发掘文化和旅游各自优势，完全能够形成“欢乐春节”的更多优势，让中华文化更好走向世界，让世界更好了解中国，为实现“两个一百年”奋斗目标和中华民族伟大复兴的中国梦营造更为良好的国际舆论环境。

五、图书馆服务的强化

图书馆，特别是公共图书馆，向来被认为是“天下之公器”。中国的公共图书馆从诞生起就承担着传承文明、服务社会的重任，也谱写着开风气之先、历经磨难却初心不改的担当与坚守。中国公共图书馆百余年来的发展史，也是中华民族救亡图存、从低谷中奋起的伟大复兴史。在这里，既有京师大学堂藏书楼、京师图书馆、文华公书林、上海商务印书馆图书馆、燕京大学图书馆和西南联大图书馆的筚路蓝缕和光辉岁月，也有蔡元培、李大钊、张云济、韦棣华和严文郁等一大批先驱的奉献和付出。

可以说，传承文明和服务社会的公共图书馆是树立高度文化自信的标志性基础工程，其发展强化的根本路径是文旅融合，坚守社会主义核心价值观，坚定文化自信，从文化自信中获取更基本、更深沉、更持久的力量。把培育弘扬社会主义核心价值观作为根本任务，贯穿到公共图书馆建设、管理、服务各环节全过程。在弘扬优秀传统文化过程中，故事立意要正。要讲清楚中华优秀传统文化的历史渊源、发展脉络、基本走向，讲清楚中华文化的独特创造、价值理念、鲜明特色，增强文化自信和价值观自信。还要在故事展现和讲述方式上不断创新，变单边灌输为双向互动，变呆板展陈为多维体验。在文旅产品 IP 创造和培育中以及目的地品牌树立中既守正又创新。如自强不息、厚德载物、与时俱进、知行合一、躬行实践、仁者爱人、以德立人等中国优秀传统文化思想不应停留在抽象的概念上，局限在枯燥的说教里。精心编排书单推荐，图书馆讲座、读书交流会、乡土知识普及等多种模式都值得尝试。

（一）既要保护好，又要利用好

公共图书馆相当数量藏品是珍贵的文物，本身就是传承文明的重要载体。这需要站在为民族负责、为国家负责、为人类文明负责的高度，全面贯彻“保护为主、抢救第一、合理利用、加强管理”的工作方针。既要保护好，也要利用好。坚持保护修复与合理利用并重，扎实做好古籍普查登记、抢救整理、保护修复、研究利用等工作，深入发掘和阐发古籍的文化内涵，促进中华优秀传统文化创造性转化、创新性发展。使得公共图书馆切实担负起延续民族文脉、弘扬中华文化、促进文明交流的使命任务，使保护成果更多惠及人民群众。

（二）文旅融合发展

文旅融合发展要创新和优化服务方式，要“宜融则融，能融尽融，以文塑旅，以旅彰文”。公共图书馆不仅仅是崇高的知识殿堂，同样也应该活动常新，民众乐于常来常往。这需要有更科学合理、更充分的活动策划安排。充分利用公共图书馆设施场地多、文献资源多、专业人才多的优势，通过开展阅读指导、读书交流、演讲诵读、图书互换等活动，广泛开展多样化的阅读推广服务。并将这些活动与城市开发建设、基础设施优化更新以及社区日常文娱活动结合起来。就像习近平总书记访问过的布拉格“世界最美图书馆”斯特拉霍夫图书馆一样，公共图书馆等文化设施完全能够成为游客向往、吸引力强和满意度高的优质目的地。

（三）推进公共服务均等化

要努力缓解人民美好生活的向往和不平衡不充分发展之间的矛盾，推动实现包括图书馆在内的公共服务均等化，包括国有重点景区降价提质，博物馆、美术馆、文化馆服务方式创新。特别要更好地发挥公共图书馆在文献收藏、知识传播、公共教育、文化交流等方面的积极作用。不仅要在数量和空间分布上下功夫，还要在核心竞争力上发力。公共图书馆既是知识中心和文化中心，有独具的“硬核”竞争力，又是社交中心和娱乐中心，让人可亲可近。只有这样，才能为社会公众更有动力也更便捷地获取文化和旅游服务创造条件，更好地满足人民的精神文化需求。

六、优质冰雪旅游需要更多文化温度

（一）冰雪旅游发展的机遇和痛点

随着2022年冬奥会的临近，我国冰雪旅游持续升温。中国旅游研究院发布的报告显示，2016～2017年冰雪季，中国冰雪旅游市场规模达到1.7亿人次，2021～2022年冰雪季，中国冰雪旅游人数有望达到3.4亿人次的规模。近年来，吉林、新疆、内蒙古、黑龙江等冰雪旅游大省在产品开发、环境整治等方面投入了更多资源，纷纷开始大规模的市场促销。

应该看到，推动中国冰雪旅游发展的强劲动力不仅来源于冬奥会成功申办的“天时”和冰雪旅游资源丰富多样的“地利”，更有政策强力支撑的“人和”。未来，各地要因地制宜制定、调整发展规划，将冰雪旅游发展政策落到实处。

当前，冰雪旅游涵盖的观光休闲、赛事组织、设备制造、衍生品开发等领域都存在痛点：设计创意差强人意、成本管控粗放、产品执行流程不畅、设备难以满足游客对优质冰雪旅游产品需求等。客观地看，冰雪旅游的专业性较强，对创意、技术和服务的要求较高。而且大部分冰雪旅游项目开发需要的资金大、开发周期长，需要金融资本更深更广参与。

（二）冰雪旅游的文旅融合

自然资源有限，文化创意空间无尽。瑞士、芬兰和挪威等国发展冰雪旅游的经验表明，在冰雪自然环境和冰雪人文环境有机融合的基础上形成的冰雪文化，有助于提升冰雪旅游产品的接受度，形成其与人们需求之间的共振，进而顺理成章地成为人民生活的重要组成部分。挪威的“冰雪音乐”、芬兰的冰雪城堡情节以及瑞士的滑雪文化莫不如此。

我国哈尔滨冰雕节和冰雕大赛，苏州的森林冰雪村、各类冰雪小镇和民俗街区也是文旅融合的有益尝试。一方面，冰上舞蹈、冰雪运动本身就是文化的组成部分和重要表现形式；另一方面，多元的文化因素也是冰雪旅游产品创意的重要源泉。如与冰雪活动相伴相生的传统文化及民俗、非物质文化遗产和滑雪滑冰等赛事文化，以及能够引入冰雪旅游产品开发的各类文化，包括影视、动漫、电竞、娱乐演艺等。

文化因素之间的交融贯通以及文化与冰雪旅游的深度融合将为冰雪旅游产品开发提供更多灵感。在此背景下，未来的冰雪旅游大 IP 有望涌现。可以预见，未来的冰雪旅游会有更多的文化温度和更多的人文关怀。

第二节　区域和国家层面的旅游交流合作

一、中国与欧洲

文化旅游一直是中国与欧洲国家交流合作的重点。近年来，中国与欧洲多个国家举办了精彩纷呈的“旅游年”“文化年”等活动，从已经成功举办的中国—中东欧旅游年、中国—欧盟旅游年、中国—丹麦旅游年和中国—瑞士旅游年，到刚刚开幕的中国—克罗地亚文化和旅游年，以及即将在 2020 年举办的中国—意大利文化和旅游年和在 2021 年举办的中国—法国文化旅游年，持续不断的文化旅游交流活动进一步凸显了双方对旅游领域合作的重视和期盼。

事实上，中国与欧洲文化旅游合作交流机制已经初步形成。经过多年的共同努力，双方已经构筑了多领域融合、多层面互补的合作框架。在整体框架层面，有“一带一路”倡议和欧盟欧亚互联互通战略对接，有中国—欧盟领导人会晤和中国—中东欧国家领导人会晤，有连续多次发布的《16 + 1 旅游合作高级别会议旅游合作联合声明》；在国家层面，有 2014 年正式建立、涵盖文化旅游及地方合作等领域的中法高级别人文交流机制，有 2017 年开始全面运行的中意文化合作机制，也有中国与多个欧洲国家相继签订的一系列文化旅游领域的合作协定、谅解备忘录和合作联合声明。在这个体系中，文化旅游领域的合作既是领导人会晤的关注点，也是整体战略合作的重要组成部分；不仅自成体系，也与金融、保险、交通、物流、咨询、教育等相关领域有机互补，不断创造出新的合作领域和模式。

中国和欧洲在人口、经济体量、文化影响力等方面的重要性意味着加强双方文化和旅游合作具有重要意义，也有望成为未来新型国际文化和旅游合作的标杆。中国和欧洲分处“一带一路”两端，人员往来和人文交流历史悠久，无论是2000万人次左右的人员往来，还是形式多样、内容丰富的人文交流，对加强中欧合作都具有重要意义。

2004年中国与欧盟签署《关于中国旅游团队赴欧共体旅游签证及相关事宜的谅解备忘录》以来，中国游客赴欧旅游便利化水平持续提升。从签证、航权、公共服务设施等政策支撑，到语言和支付环境的改善，乃至针对中国游客的“欢迎中国”项目，都体现了欧洲对中国市场的关注和对中国游客的用心。

除了传统或大众目的地，目前中国赴欧洲的游客更加关注与当地生活密切相关、小众且独特的旅游目的地。越来越多名不见经传的欧洲目的地开始进入中国游客的视线，越来越多的文化和生活体验成为中国访欧游客的重要选择。融汇欧洲历史遗产观光和特色文化体验的产品越来越受到中国游客的喜爱。在整个产业链上，文化旅游与科技、农业、教育、康养乃至数字经济、电子商务、金融科技、智慧城市等领域交叉互补，形成了更多的创意和价值源泉。同样，自中国改革开放以来，欧洲就是中国入境旅游的主要客源地之一。当时为接待境外游客，我国开发建设了一大批高标准的酒店和旅游基础设施，配备了一大批高水平导服人员，“京西桂沪”等黄金线深受欧洲游客喜爱。当前，访问中国的欧洲游客呈现越来越明显的散客化趋势，对定制化、碎片化旅游服务更为认同。为此，中国旅游服务商提供了以中国书画、武术、中医、美食等传统文化体验为核心的产品。这种不同于传统观光线路的产品设计得到了广泛欢迎，有欧洲游客甚至提前数月就预订了到中国居民家中就餐的服务。与之相伴随而来的是与这些创新服务关联的细分化创新业态也在不断涌现。

文化和旅游领域的交流、合作和创新涵盖了经济、人文、情感等多重因素，是推动构建“人类命运共同体”的重要支柱。在构建和平、增长、改革、文明四大伙伴关系成为中欧合作基本内容的当下，更应该从全局、长远和系统的层面加以考量。文化和旅游不仅是对四大伙伴关系的重要支撑，也是四大伙伴关系的战略性组成部分。当前，中国与中东欧的“17 +1”机制就是这方面合作的典范，其秉持平等协商、互利互惠、开放包容、务实创新的原则，通过多领域系统合作形成阶段性成果，开创了中国同欧洲国家合作的新路径。中国与欧洲文化和旅游领域的合作也同样适用这一原则。只有这样，才能在充分尊重中欧文化和旅游交往个体兴趣和利益关切的基础上达成共识、构建共享机制，源源不断地为中欧关系发展注入新动力。

（一）中国与希腊

无论是中国与希腊两国的人员交往，还是两国的文明对话，都与旅游交流合作密切相关。推动旅游交流合作有利于形成并强化两国的全面战略伙伴关系。正是基于此种认识，中国与希腊致力于推动完善两国旅游交流合作的政策框架。1988 年 4 月，中希两国签订了旅游合作协定，约定双方要“努力促进两国间的旅游交往，积极鼓励两国的旅游组织、协会和机构之间建立联系和进行交流”。2004 年 9 月，希腊成为中国正式全面开展组团业务的出境旅游目的地国家。2006 年中国和希腊建立全面战略伙伴关系，两国包括旅游领域在内的各方面合作进入新阶段。希腊也是首个同中国签署共建“一带一路”政府间合作谅解备忘录的欧洲国家。在推动互联互通过程中，双方旅游领域合作持续深化。2019 年 4 月，希腊成为中国—中东欧国家合作机制正式成员，将“16 +1 合作”扩展为“17 +1 合作”，丰富和深化了中国与希腊全面战略伙伴关系内涵。

在两国政策保障和引导下，两国旅游交流规模增长强劲，前景光明。根据希腊旅游部预测，2019 年前往希腊旅游的中国游客数量将比 2018 年翻一番，超过 18 万人次。

文明对话有利于中国和希腊的旅游交流与合作。作为相识、相知和相亲的两个伟大文明古国，中国与希腊都有着灿烂的文明和承载文明的丰富载体，包括对世界具有深远影响的哲学家集群，以及世界级文物遗存集群。中国与希腊文明的交流互鉴，既在向全世界展示伟大古老文明的和合之美，也有利于在思想共享、理念共通的基础上借鉴观照旅游发展理念，激发交流与合作灵感，拓展交流与合作的深度。文化和旅游领域的思想和模式，实际上都根植于东西方文化以及彼此间的交流互鉴，都在力图挖掘古老文明的深邃智慧。特别在IP的培育打造、文创产品设计、旅游产品策划乃至服务理念形成和更新方面，更与东西方文化交流互鉴密切相关。在刚刚结束的第二届中国国际进口博览会上，希腊就不遗余力地推广旅游产品，集中展示了以“共享的文化”为重点的传统文化遗产和当代文化亮点，引发了中国旅游业界和中国游客的强烈兴趣。

中国与希腊的旅游交流合作有利于东西方文明对话。通过各种形式的旅游交流，已经有越来越多的两国人民深入到彼此生产生活中，零距离亲身感受和体验彼此的真实世界，双方民众能够面对面地看得真切，听得明白，交流思想，触发灵感，有更多的亲近感和获得感，在为建设人类命运共同体夯实更广大的民意基础。在这个过程中，偏见得以纠正，恐惧逐渐消散，“朋友圈”更加稳固，“文明冲突论”也就开始失去存在的土壤。

不仅如此，通过文化和旅游交流，能够有效地提升包括市场和产业在内的全方位合作水平，包括目的地开发、文化旅游产品策划、要素配套、公共服务提升、商业环境优化、基础设施完善和市场监管强化等所有方面的交流与合作，实际上也是中希文明对话的一部分。“百闻不如一见”“说得好不如做得好”。中国与希腊在文化与旅游合作方面的思想碰撞与经验分享，正是有数量、有质量、更鲜活，也更有生命力的文明对话。

中希文化旅游合作的未来，应该是依托各自文明本底，深挖文化基因，从各自宝贵的文化资源中吸取力量的过程，以文促旅，以旅彰文同样是基本方向。这需要精选打磨文旅精品，特别是进一步聚焦文化旅游、旅游演艺、工艺美术、创意设计、数字文化等领域，以期形成两国文化旅游合作的优选领域，挖掘具有地域特色和民族特点的文化旅游项目，构建IP库和文化旅游项目库。在具体推动过程中，创新是核心，要在市场培育、市场工具选用等方面突出文旅融合作用。将两国灿烂的文明传承和交流对话融入旅游活动，同时从文明对话的高度引导双方文化旅游交流。强化遗产保护和利用、非物质文化遗产传承、文艺演出、专题展览、文化论坛、艺术研讨会以及电影展映等活动在旅游产品创新和旅游目的地建设中的作用。

中国与希腊旅游交流合作既有文明对话的理念引领，带着对文明的尊重和对未来的期许，立得正、站得高，又有务实合作的细节考量，带着“一带一路”倡议落地和“17+1”朋友圈扩容，走得稳、行得通。

未来，我们看到的将是两国旅游交流合作的光明前景，两国全面战略伙伴关系将进一步紧密，同样也是更多国家积极参与、共同推动构建相互尊重、公平正义、合作共赢的新型国际关系，共同推动构建人类命运共同体的光明未来。

（二）中国与意大利

近年来，中国和意大利在演出、博物馆和文化遗产保护等领域的交流活动不断增多，中国和意大利的文化和旅游合作已经成为中外文化和旅游合作的典范。在文化方面，2010 年 10 月至 2012 年 2 月，“中国文化年”活动在意大利成功举办。2010 年 10 月，中国、意大利签署协议，确定中国国家博物馆同罗马威尼斯宫国家博物馆互设长期展馆，鼓励相互举办系列高水平文物展。2014 年 6 月，两国签署《关于建立文化合作机制的谅解备忘录》，2017 年 2 月举办中意文化合作机制第一次全体会议。此次两国共同发布的联合公报涉及诸多文化和旅游领域的合作，除了在 2020 年互办文化和旅游年，双方还表示愿推动落实中意联合国教科文组织世界遗产地结对项目和打击文物非法贩运和走私合作。双方愿推动双向游客往来，增进民间友好，推动两国文化遗产的保护利用。

在中意两国共同努力下，两国在文化遗产、文化艺术、创意设计、电影等领域的合作成果丰硕，特别是在共建“一带一路”、防止文物非法进出境及世界遗产地结对等方面的合作取得重要进展。

在旅游方面，2018 年，中国和意大利双向人员往来超过 200 万人次。意大利不仅是中国入境外国游客的重要来源，也是中国游客的主要欧洲目的地，是中国游客访问欧洲的“基本”和“优先”选项。中国游客对意大利的青睐，主要原因有三个：其一，意大利拥有极具吸引力的文化旅游资源。作为古罗马文明的发源地和文艺复兴的摇篮，意大利的历史古迹、文学艺术巨匠的杰作在中国广为人知，都是极具吸引力的旅游资源。其二，以文化为核心优化旅游产品开发和市场推广。意大利提出的《2017—2022 国家旅游战略规划》鼓励地方政府充分挖掘自身旅游资源，开发更具特色和更适应中国游客消费习惯的旅游路线和旅游文化活动，用文化内核构建旅游产品，用文化方式开拓旅游市场。其三，针对中国游客，积极推动旅游便利化进程。意大利不仅在北京、上海、重庆和广州 4 个使领馆所在地提供签证服务，还在其他区域中心设置了 11 家签证中心。中国申请者可以在最便利的城市递交申请材料，36 小时内实现签证发放。积极推动“欢迎中国”项目，为中国游客提供语言、生活习惯、支付方式等一揽子特色化标准服务。

未来，中意合作需要发挥好文化和旅游的战略性融合互补功能。从“文化年”“旅游年”再到“文化和旅游年”，这不是简单地将文化领域和旅游领域的活动合二为一，而是坚持“宜融则融、能融尽融；以文促旅，以旅彰文”的原则，互相借鉴有益经验，从文化交流、文明互鉴、人员交流和民间交往等角度实现构建人类命运共同体模式的全方位创新。例如，将两国世界遗产地结对和互办高水平文物和艺术展打造为“文化和旅游年”的核心产品和重要推广方式，既提升旅游产品的文化含量，又可构建可持续的市场认可模式。

在供给方面，通过文化元素的引入展现真实、立体的中国和意大利全貌，促进心灵相通，树立双方的良好形象；通过资本、产业和市场合作，推动中国旅游国际竞争力提升；并在此框架下精选打磨文旅精品，进一步聚焦文化旅游、创意设计、演艺娱乐、工艺美术、数字文化等领域，挖掘具有地域特色和民族特点的文化旅游项目，初步构建中国—意大利文化旅游年 IP 库和文化旅游项目库。在需求方面，要创新推广体系，加强双方政府、企业和专业机构的联动，在整体市场评估、细分市场选择、市场工具选用等方面突出文旅融合的作用。如在旅游市场开发中突出文艺演出、专题展览、文化论坛、艺术研讨会以及电影展映等文化交流活动，以开拓新的市场空间，吸引流量，扩大影响。

在中国积极拓展入境旅游的大背景下，中国和意大利互办文化和旅游年有着更为重要的意义。中国和意大利分别为东西方文明的杰出代表，在人类文明发展史上都留下浓墨重彩的篇章，有丰厚的历史沉淀和文化传承。当前，中国游客访问意大利的人数多于意大利游客访问中国的人数。出现此种情况的原因是多方面的，增加两国游客互访的规模需要有更加系统的思路。意大利吸引中国游客的经验应该成为我们的有益借鉴，产品开发、市场推广、旅游便利化推进、公共服务改善和产业结构优化等方面都是我们可以学习的方面。

未来，应将中意文化和旅游合作置于中欧整体合作和“一带一路”合作框架下。中国与意大利的文化和旅游合作是试点和试验，更是未来的模板和典范。基于此种考虑，中国和意大利在文化和旅游领域的合作机制构建和未来实践，需要有更多的开放接口和优化调整，需要有更多的机制、政策、规范和标准的储备和研究。

二、中国与非洲

（一）中国与非洲旅游交流合作的基础

非洲大部分国家相当长的时间面临的主要任务是发展，旅游业作为经济社会发展的优势产业，在促进国家服务贸易出口方面的作用显著。而中国与非洲旅游合作的持续深化，能够将资本和技术与目的地丰富的劳动力和独特的资源结合，促进目的地经济社会发展。中国将旅游业定位为“人民群众更加满意的现代服务业和战略性支柱产业”，并制定实施了一系列政策措施。而按照“非洲联盟2063年议程”，非洲也确立了到2030年实现旅游业对非洲大陆国内生产总值翻一番的目标。

作为民众间的交流渠道，旅游是增进中非人民情感和友谊的重要桥梁。每年超百万人规模的中非游客互访创造出相互联系又独具个性的紧密交往空间，成为“各美其美，美人之美，美美与共，天下大同”的生动注脚，创造了更多中非民心相通、文明互鉴的珍贵机会。

在这些“人与人”的独特空间里，主客间能够展现友好姿态，体验情感关怀，分享美好事物，表达利益关切，构建和追寻各自心目中的“中国梦”和“非洲梦”。在这个过程中，无论安居家乡还是身在旅途，中非人民都可以接触到易理解、有温度、可借鉴的美好生活，让中非游客与目的地民众的联系交往更为频密，关系更加亲近。

事实上，旅游交流不仅是人文交流的重要组成部分，其与文化、教育、智库合作等重要领域的共振互补、相互促进的作用尤其引人注目。例如，对非洲文化的向往热爱可以成为中国公民赴非洲旅游的理由，对非洲文化的挖掘及展示可以为开发相关旅游产品提供灵感。旅游的综合特性和亲善本质不仅有助于游客与目的地居民的文化互动，也为未来的可持续发展提供了更多可能。同时，具有汉语知识的非洲从业者又能为中国游客提供更好的体验。

2018 年 9 月，中国国家主席习近平出席中非合作论坛北京峰会开幕式并发表主旨讲话时强调，中非要携起手来，共同打造责任共担、合作共赢、幸福共享、文化共兴、安全共筑、和谐共生的中非命运共同体，重点实施好产业促进、设施联通、贸易便利、绿色发展、能力建设、健康卫生、人文交流、和平安全“八大行动”。其中，在人文交流行动中，中国决定设立中国非洲研究院，同非方深化文明互鉴；打造中非联合研究交流计划增强版；实施 50 个文体旅游项目。

正因为如此，从中非合作论坛成立时确立的“五大支柱”到上次中非合作论坛提出的“十大合作计划”，再到北京峰会提出的未来 3 年和今后一段时间重点实施的“八大行动”，以旅游为重要组成部分的人文交流始终是中非合作的关键领域，并取得了丰硕的成果。

当前，“中非文化聚焦”“中非文化人士互访计划”“中非文化合作伙伴计划”深入开展，中国在非洲实施了 127 个“中非民间友好行动”项目，中非青年大联欢成功举办三届，有力地提升了中非民众的相互认知和好感度；旅游在中国—南非高级别人文交流机制中的重要性越来越凸显，与旅游业发展相关的人才培养、中非智库论坛、媒体合作论坛、减贫发展高端对话以及中国旅游产品专门促销等活动引起普遍关注；地方旅游交流进展明显，非洲多国在中国城市建立签证中心，进行更频繁、紧密的旅游促销，中非间已建立 133 对友好城市关系。

由于旅游业的综合性，在中非十大合作计划里直接提到的工业、农业、基础设施、金融、绿色发展、贸易和投资便利化、减贫惠民合作、公共卫生合作、人文合作以及和平与安全合作计划都或多或少的与中非的旅游合作相关，有利于这些问题的解决。事实上，要实实在在地推动中非旅游合作，也需要双方的共同努力，凝聚共识，多维度的扩大双方旅游合作的利益公约数。

事实上，旅游是中非构建命运共同体的重要领域，在推进中非人文交流和民心相通的进程中独具优势，在促进目的地经济社会发展进程中成效明显。中国公民经由主要旅行商赴非洲出境旅游人数高速增长，旅游正成为中非人文交流的排头兵。

（二）中非旅游交流合作的成果和战略机遇

近年来，中非旅游交往的障碍日渐消解，签证、航班、支付条件、WiFi 落地等旅游便利化因素都有较大改善。自 2002 年埃及成为非洲第一个中国公民组团出境旅游目的地（ADS）以来，2017 年 9 月 1 日，圣多美和普林西比成为非洲第 22 个全面实施 ADS 的目的地。当前，中国公民组团出境旅游目的地的非洲国家和地区达 30 个，同时，毛里求斯、塞舌尔、法属留尼汪、摩洛哥允许中国公民免签入境，埃及、多哥、佛得角、几内亚比绍、科摩罗、科特迪瓦、马达加斯加、马拉维、毛里塔尼亚、坦桑尼亚、乌干达、圣赫勒拿等国家和地区也允许中国公民办理落地签证。其他非洲国家，也在签证办理手续、签证材料简化等方面有较大的改善。中非间的大交通进步明显。当前已有多家航空公司经营中国和埃塞俄比亚、安哥拉、肯尼亚、阿尔及利亚、埃及、毛里求斯和塞舌尔等国家的直航航班。中非间每周定期航班接近 100 班。中非的主要客源地和目的地，中国的北京、上海、广州、成都，非洲的约翰内斯堡、亚的斯亚贝、内罗毕、罗安达、阿尔及尔、开罗、赫尔格达、毛里求斯和塞舌尔，都拥有中非直航航班。在非洲，符合中国游客习惯的支付系统日趋成型，银联网络延伸到 47 个国家和地区，“UNION PAY”符号越来越常见。在南非约翰内斯堡桑顿广场，中国游客能够直接使用银联卡消费，也可以从商场的自动柜员机直接取现。中国游客喜欢使用的支付宝、微信支付等互联网支付手段，也更多地出现在非洲机场免税店等场所。

在非洲，有更多目的地能够使用随身 WiFi，费用也大幅降低，一些国家开始提供免费 WiFi。这也让须臾不能离开网络的中国游客大感便利。障碍没了，障碍少了，再加上非洲独特的旅游资源和风土人情，“说走就走”的非洲之行正在成为中国游客出境旅游的常规选择。肯尼亚和坦桑尼亚的动物大迁徙、埃及的金字塔和狮身人面像，南非囊括自然和民俗的多彩体验，毛里求斯和塞舌尔的绮丽海景，不仅为中国游客所向往，更是许多人已经或即将亲身体验的旅游胜地。埃及、南非、毛里求斯、埃塞俄比亚和肯尼亚等非洲国家成为中国游客的重要选择。

中国游客大规模、高速度走进非洲的同时，非洲国家也加紧招徕中国游客。在中国每年举办的各种类型国际旅游交易会、展览会上，总可以看到非洲国家的身影。加强与中国旅游管理部门的联系、设立中国代表处、积极筹办签证中心、在中国赴非洲主要客源地巡回路演、推动开通或加密直航班机、与主要 OTA 加强合作、优化旅游电子商务系统，等等，几乎成为非洲国家在中国推介旅游的标准动作。

不仅仅是快速增长的出境市场，中国的资金和发展经验也有助于非洲国家的旅游业发展。在连续举办的对非投资论坛上，除了基础设施、制造业等传统领域，酒店、目的地服务、旅行社、景区开发、旅游购物以及机场建设等方面也吸引了中国投资者的目光。这里既有携程等有影响的大集团，更多的是寻求机遇的中小投资者。他们的到来，搅动了非洲旅游投资的一池春水。中国的“一带一路”倡议，更为中非旅游投资加了一把火，非洲国家本来就是“一带一路”的重要节点，也是中国向西推进“一带一路”倡议的战略性方向和关键支撑点。中国巨大的客源与消费规模，能够将外部经济要素（人员、资本和技术）与非洲沿线国家地区内部要素（廉价的劳动力和丰富的资源）相结合，为中非旅游合作带来前所未有的新的机遇。

（三）中非旅游交流合作的挑战

综合来看，随着“一带一路”倡议的加速落实，加上中国出境游客和中国旅游企业同时大规模走进非洲的双重推动，中非旅游合作已经进入了快车道，前景光明。当然，正如文中提到的那样，中非旅游合作的问题依然多多，不宜盲目乐观。

1. 理解不足问题

这也是中非旅游交流依然处于初级阶段所面临的问题。不可否认，数十年中国对非洲的持续援助，特别在资金、基础设施建设、人员培训等方面的巨大付出都牢固树立了良好形象。但是近年来，巨量的中国游客涌入非洲，发生了一些不尊重当地传统风俗、举止粗鲁的不文明行为，加上过量的游客提升了社区的生活成本，对环境造成了较大压力，旅游收益没有充分扩散到利益相关方，使得一些当地人对中国游客的到来和来自中国的旅游投资持保留态度。

尽管中非都想更多更深入地了解对方，但是彼此的认识和理解由于空间阻隔、文化民俗差异和语言不通等因素，还更多地局限于各种碎片化信息中，雾里看花且流于肤浅。无障碍的语言交流是旅游交往能够顺畅进行的前提条件，但是中非交往的语言问题也比较突出。非洲是世界上语言种类最多的大陆，其独立的语言近千种（主要以法语、英语、葡萄牙语和西班牙语等为主）。尽管当前由于中非经贸关系的急剧升温，非洲很多国家掀起了“汉语热”，非洲民众学汉语，用汉语的热情高涨。可以看到，在中国游客常去的旅游目的地，如肯尼亚的马赛马拉国家公园，其汉字环境和相关人员培训方面取得了巨大的进展。但是总体来说，无论是旅游标识、中文导游导购、旅游信息材料，还是中文报纸广播电视等诸多方面，依然有需要提升的地方。由于语言的障碍，中国游客不仅难以真正领会非洲旅游产品的巨大魅力，在寻求服务和帮助时，也有不小的交流困难。

非洲当地居民和来访的中国游客是这样，供给侧和需求侧的各类市场主体同样也是这样。从事非洲产品开发推介的中国从业者，真正了解非洲旅游业发展细节的并不多，或者知其然不知所以然。更是易于忽视蕴含在产品开发、市场推广和业务运营中的深层文化因素。与此类似，非洲民众对于中国和中国游客的了解也往往模糊粗陋，对中国文化习俗、生活习惯和旅游模式认识有限。相互理解不足不仅导致产品开发和市场推广的粗放，还平添一些摩擦和障碍，阻碍了中非旅游交流合作的健康发展。

2. 目的地形象树立优化问题

从整体上看，“求和平、谋发展”已经成为非洲国家普遍共识，内生性治理因素开始发挥积极作用，政治安全形势趋稳向好态势明显。非洲已从原来的战乱频发，政治问题倾向优先选择武力过渡到以谈判为主、和平解决问题的新时代。在非洲国家联合自强和一体化进程持续取得进展的大背景下，国际社会加大对非洲投入，越来越多的中国游客开始走进非洲，非洲的进步和改善的信息也开始为国人所了解，但是，历史原因的拖累加上不良媒体的过分炒作，非洲“贫穷、落后、动荡”的负面形象突出，又有不时发生的冲突动乱和自然灾害（如干旱、洪涝等），也给非洲旅游地形象造成了诸多的负面影响。正由如此，很多中国游客往往直接将非洲排除在旅游可选项之外。冰冻三尺非一日之寒，非洲整体形象并没有得到根本性改善，目的地形象树立优化依然任重道远。

3. 公共服务不足和特定需求难以满足

中国旅游研究院在中国居民赴非旅游服务质量评价中选取毛里求斯、摩洛哥、南非、埃及、肯尼亚、纳米比亚、坦桑尼亚和埃塞俄比亚等非洲国家进行比较，从分析结果看，赴非游客认为非洲各目的地公共服务均明显不足。如信息等基础服务提供、市场秩序规范、安全保障、救援体系和交通设施等方面都是明显的痛点。

中国游客的特定需求方面，如包含中文标识和中文服务在内的中文环境营造、移动网络支撑、线上支付需求、中餐和娱乐活动提供等，仍存在较大提升空间。这些问题的存在，既与非洲基础设施普遍存在短板有关，也与管理经验有限、人力资源难敷需求有关。

非洲道路总里程短，道路等级偏低。道路密度不高，仅相当于亚洲的一半，拉丁美洲的 1/3。路况堪忧，老化和破坏情况严重。有好的旅游资源，但是进不来，出不去，散不开，只有望洋兴叹。在非洲很多国家和地区，旅游业基础设施几乎没有。不要说旅游接待宾馆、娱乐环境设施、餐饮购物环境设施、智慧旅游设施、重点景区景点道路、标识系统等旅游业核心基础设施，就连供水、供电、通信、厕所、垃圾和污水处理配套设施等基本条件也难以满足。

4. *旅游资源保护问题*

世界遗产是旅游资源的重要组成部分，非洲的世界遗产数量在全球遗产项目总数中所占的比例较低，约占世界的 13%，但是在全球濒危世界遗产项目中，非洲却占了将近一半。丰富独特的动植物也是非洲的重要旅游吸引物，其中很多也面临生存的考验。这些作为人类共有的宝贵财富，如果要进行旅游开发，需要有系统的保护措施，只有在开放前和开发过程中有效介入，才能够实现可持续发展，但是由于种种条件限制，非洲的旅游资源保护处于有心无力的状态。在中非旅游合作中，旅游资源保护更需要精心安排，才能让其成为合作的加分项，而不是失分项。

此外，旅游人力资源不足也是制约中非旅游合作的重要一环。不仅中文导游严重不足，规划设计、投资、餐饮、娱乐、酒店等旅游行业相关的技术和经营管理人才也十分紧缺，难以满足旅游业快速发展的需求。

（四）中非未来旅游交流合作的方向

在提升方向上，建构中非命运共同体，增进理解和消除误解是基本方向。中非合作论坛北京峰会通过了《关于构建更加紧密的中非命运共同体的北京宣言》（以下简称《北京宣言》）和《中非合作论坛—北京行动计划（2019—2021年）》，为未来中非旅游合作提供了行动纲领。《北京宣言》第15条指出，“我们呼吁各国尊重文明多样性。强调人文交流合作对中非人民增进了解、友谊与合作具有重要意义，鼓励深化在文化、教育、科技、体育、卫生、旅游、媒体机构、地方政府等领域交流、互鉴与合作，持续巩固中非关系的民意社会基础。”换言之，未来的中非旅游交流既为人文交流合作提供支撑，又必然受益于日益活络的全方位人文交流合作，政府和民间层面都不能少。

1. 优化完善文化旅游领域的人文交流机制

未来需要整合中非合作论坛部长会议等高级别磋商机制，在已有中国—南非高级别人文交流机制的基础上，推动与非洲主要国家建立包括非物质文化遗产在内的文化旅游资源交流与合作机制，形成文化遗产保护和旅游发展经验推广的联动和互补。在世界旅游联盟、世界旅游城市联合会、中非智库“10+10”合作伙伴计划、中非高校“20+20”合作伙伴计划等传统平台中突出旅游合作交流的地位和作用，在中国非洲研究院、“丝绸之路”国际博物馆联盟等新设平台中开展更多旅游交流合作。

2. 持续推动旅游便利化

支持更多非洲国家成为中国公民组团出境旅游目的地和开通更多中非直航航班，推动与更多非洲目的地在旅游便利化方面形成一揽子方案并有效落地，达成目的地想得到、看得到、做得到的优化升级。探索在现有框架下规范跨境旅游市场环境的可能性，加强监管合作，推进建立旅游投诉及纠纷处理协作机制，快速有效地解决旅游纠纷。建立跨国旅游安全保障体系，在应对公共危机事件时相互配合，把握市场动向，分享规范景区、研学、民宿、自驾车等市场管理经验。

3. 重心下沉落实“一起工作”

无论是具体旅游项目的建设，还是整体旅游业的发展都需要大量艰苦的工作，中非员工“一起工作”是中非人文交流走深、走实的关键，因为“一起工作”意味着长时间接触、全方位彼此了解和对彼此文化和处事方式的理解包容，也为未来的旅游产品和服务创新提供更多的灵感和机会。“一起工作”应该更多地预设和优化工作和生活场景，实现中非人文交流的全覆盖，包括实施50个文体旅游项目，支持非洲国家加入“丝绸之路”国际剧院、

“丝绸之路”国际博物馆联盟等机构；继续推动中非互设文化中心等。“一起工作”也应该覆盖更多的工作岗位，如语言教学、旅游管理、服务技能提升、计算机培训、职业教育、应急救援和专业设备管护等。在此思路下，涉及的领域不仅是单纯的中国游客访非洲，同样也涉及非洲游客到访中国。未来可以探索将旅游专业化推广与中非人文交流进一步结合起来，有机整合中非的文化旅游交往管道、专业推介平台和教育、媒体、科技、体育和卫生等领域结合起来。

4. 以创新精神推动旅游目的地和产品开发

面向中国游客的非洲旅游目的地建设和产品开发，需要在开发模式上有更多创新。突出地体现在当前基础设施薄弱、交通便利度不高、人力资源有限的严苛约束条件的解决及中国游客的满意度提升和经营收益能支撑可维持的问题。这里有对旅游资源的认识更新，如文化（包括影视、动漫、时装、饮食）、医疗、体育等各类旅游资源的合作开发和利用；也有金融力量广泛参与带来的充沛动力，如创新旅游企业孵化和保险产品对旅游业的支撑；还有新技术引进带来的产业升级换代契机，如移动互联网、大数据以及物联网等先进技术与旅游业的融合。如此，开发方向、商业模式、供应链整合与技术选择就更为重要，中国经验的非洲化引进也是可以考虑的方向。

5. 强化人力资源合作

在教育合作方面，充分发挥政府和市场的作用。加强非洲本土本地旅游人才培养，特别是当前紧缺的语言和管理方面的人才。在积极推进全日制院校相关专业设置同时，开展各类培训、研习、实习及企业短期专业训练，增进中非相互承认学分、学历；增加互派留学生等工作，培养应用型国际化人才。特别要重视扩大青少年之间的友好交流。在科研交流方面，以论坛等形式推进中非旅游研究机构的交流。在设立职业资格认证标准的基础上，推动旅游行业经营、管理人才以及导游、厨师、服务员等专业技术人才的引进和培训。

6. 探索推出升级版“旅游年”

在中非合作论坛框架下，探索互办“旅游年”活动。通过举办“旅游年”活动推动旅游便利化，还要在“旅游年”框架下创新或吸纳更有吸引力、更务实的项目，如组织大规模游客互访；制作推广介绍中非旅游专题片；举办民宿旅游交流活动，中非家庭同吃同住同游览；组织双方媒体专题采风活动；邀请旅行商深入考察线路产品等。

经验借鉴和交流同样是中非旅游合作的重要方面。1978 年以来，中国持续探索了有中国特色的旅游业发展之路，在厕所革命、全域旅游、旅游可持续发展、“旅游 +”发展战略、旅游标准化建设、旅游市场整治、“一带一路”旅游开发以及丰富多样的旅游发展模式创造等方面都取得了许多有益的经验。而非洲在 SAFARI 旅游、国家公园开发与管理、精品酒店经营、历史文化旅游等方面也有独到的心得。双方的经验互鉴为更多、更紧密的合作带来了更多可能。

在这个过程中，文化旅游融合共振将成为中非旅游合作的基本模式。优化文化旅游领域合作交流的顶层设计，在中非合作论坛框架下，逐步梳理文化和旅游领域已有合作机制，创立或整合包括文化部长会议、旅游部长会议、高官会议等高级别磋商机制，推动建立包括非物质遗产在内的中非文化旅游资源交流与合作机制，形成文化遗产保护、世界遗产申报和全域旅游发展经验推广的联动和互补；积极建立整合中非文化旅游数据库，打造共享的公共数字支撑平台。共同谋划、构建或优化更多以“旅游年”“文化年”为代表的综合性国际交流平台；共商、共建或引进更多综合性国际论坛、文化和旅游国际交易会、国际艺术节、博览会及艺术公园；将中非旅游产品开发和旅游推广宣传结合起来，让文化使者成为旅游形象大使，让艺术创作扶持为开发文创旅游产品提供资源，让文化创意产品成为重要旅游吸引物。

第三节　文旅融合的创新案例

一、让建筑可阅读

2019 年上海旅游节期间举办了“建筑可阅读”主题活动，上海市文旅局联合六个区文旅局共同推出 87 条各具特色的建筑微旅行线路，市集上展销百余种文创产品深受游客欢迎。

《上海市标志性建筑智慧导览服务质量要求》规定，为老建筑设置的二维码标志应该醒目、易扫读，不得触发下载与导览服务无关的信息，确保游客能获得“建筑可阅读”的良好体验。目前，上海黄浦、静安、长宁、徐汇、虹口、杨浦等 6 个城区内可“阅读”的历史建筑总量达 1032 处，是 2018 年开放数量的 10 倍。各城区还配套建立了志愿者和专业讲解团队，在二维码中增设英文导览、语音、视频播放、VR 等功能，使老建筑“能读、能听、能看、能游”。

城市形成和发展的历史是无数人记忆中念兹在兹的温暖故事，是时代潮流激荡下折射出的都市传奇。正是这些魅力独具的城市景观、城市生产生活和由此形成的文化情感联系，形成了人们访问城市的出游冲动。由于市场推广、文化旅游产品开发、解说设计和商业模式构建等多方面的原因，很多游客不仅对深度了解有关老建筑的知识和故事获取信息量极为有限，更有可能受到“戏说”历史，任意“解构”文化的影响，很难获得高质量的文化旅游体验。

上海“建筑可阅读”的探索和实践为其他城市文化旅游目的地建设和供给侧改革提供了有益借鉴。

一是要有意识保护，也要有慧眼再发现。只有保护好，才有可依托、可利用的物质载体。上海既有与重大历史事件、革命运动或者著名人物有关的优秀历史建筑，也有具有重要纪念意义、教育意义或者史料价值的近代现代重要史迹。仅上海静安区就有可“阅读”建筑 220 余处，其中优秀历史建筑 140 余处，包括静安别墅、西摩会堂等；不可移动文物共计 40 余处，其中全国重点文物保护单位 2 处，分别为马勒别墅和中共二大会址；市级文物保护单位 30 余处，包括四行仓库、上海总商会旧址、蔡元培故居等。试想，如果没有严密安全的保护和系统周全的调查及档案支撑，“建筑可阅读”就失去了立足的根本。同样，上海的经验还需要从当代角度、从游客受众角度“活化”历史建筑，让文物说话，让建筑发声。有底蕴的城市其实就是一个历史文化博物馆，历史建筑就是其中珍贵的文物。高度重视修史修志，让文物说话、把历史智慧告诉人们是应有之义。

上海的“建筑可阅读”立足不同细分市场，注重文旅产品的创意，打造针对不同人群的微旅行活动，在有价值、有趣味、有参与性、有仪式感上下功夫，致力于让阅读成为时尚。上海各区先后推出迎接黎明、探寻孙（中山）宋（庆龄）史迹、寻找邬达克、艺海拾珠、苏河寻音、非遗手作等10条文旅精品线路。徐汇区以“永不拓宽的马路”为主题，开发了“名人故居之旅”“ArtDeco建筑之旅”“寻找城市英雄之旅”等近20条体验线路；静安区以“文化+行走”方式，推出了“漫步苏河湾”线路，串联起苏河湾南北两岸的文化地标和蕴含在其中的精彩故事。

二是高品质的文化旅游目的地既要有高质量公共服务，也要有个性化需求的满足。上海的“建筑可阅读”实际上是建设在高质量公共服务的基础上。一段时期以来，上海对标《第四批国家公共文化服务体系示范区创建标准（东部）》《上海率先基本建成现代公共文化服务体系验收标准（参考稿）》，推进公共文化“服务目标均等化、供给主体多元化、运行机制专业化、公共服务效能化、管理体系制度化”建设，在保障群众基本文化权益的同时，也拓展了文化旅游目的地建设的空间。公共文化多元供给带来的是创意的多元化和文化旅游产品供给的多元化。公共文化资源配送体系的完善过程为推进“建筑可阅读”项目创造了条件。例如，黄浦区联动市、区、街道三级配送体系，建立集网络申报材料、专家网上评审、市民网上投票的一站式平台，保障包括“城市可阅读”项目在内的公共文化配送。在探索数字公共文化服务过程中，上海各区以公共文化服务效能为导向，以“文化上海云”为依托，开展文化场馆、服务平台智慧化建设和公共文化服务多元化建设。这为上海在全市范围内打造智慧导览，实现建筑“能读、能听、能看、能游”，打造“乐游上海”“上海发布”等平台提供了内容和软硬件支撑。

三是引进市场机制是提升文化旅游目的地建设可持续性的重要保障。只有能够经受住竞争考验、为市场所接受的文化旅游产品，才有更强大的生存能力，也更能有效地提升文化和旅游目的地的吸引力。多市场主体、多表现载体、多商业模式、多环节接触应该是发展的方向。此次“建筑可阅读”活动也做了一些尝试，如推出了“永不落幕的文创产品博览交易平台”，主要汇集上海的文创精品，同时面向国内重点文化文物单位，打造具有展示交易性质的文创产品。

二、李子柒和“不倒翁小姐姐”

李子柒是一位“90后”网络红人，她精心创作的古风美食主题短视频像强大的磁石，吸引了境内外巨量粉丝的热捧。尽管粉丝背景各异、语言不同，但都表现出对李子柒作品的由衷热爱和对中华传统文化的向往。目前，李子柒微博的境内粉丝超过2100万人，海外主流社交媒体上的粉丝也超过了700万人。其数量之多、影响力之大，与境外的老牌国际媒体相比，也不遑多让。甚至有人为此感叹，李子柒是“实打实的文化输出”。

当今中国已经与世界更加紧密地联系在一起，世界需要更好地了解中国，中国也需要更好地了解世界。讲好中国故事、传播中国声音、阐发中国精神和展现中国风貌，是对新时代外宣工作的要求。

相比李子柒短视频火爆现象，同类型为数不少的作品还是差强人意，尽管投入不菲，也下了很大功夫，但是效果始终不明显，给人一种“少一口气”的感觉，甚至还有一定的问题。如一味迎合境外的偏见误解、搜奇猎艳、低俗媚俗；有的创意缺乏，简单模仿机械化生产，抄袭严重；还有的粗制滥造、牵强附会，对文化的阐释传播没有基本的敬畏和科学态度。如此这般的结果是推出后悄无声息，很难引起境外民众和媒体的关注，或者加深偏见和误解，只有失分没有加分。

无论是中国文化走出去，还是文旅融合提升中国软实力，都有必要了解和借鉴李子柒现象的有益经验。

第一，有传承也要有生活。传统文化是我们足以自豪的宝贵财富，深植于中国人的血脉之中，需要找到开启的钥匙。在李子柒的作品里，有着浓浓的中国传统风，也有着人们熟悉的乡土生活滋味。跟着她可以感受中国乡村生活的方方面面，如烹饪美食、酿酒、种菜、修桥、做梯子、编扇子、编花篮和编背篓，其间涉及的传统工艺、习俗节气和日常生活，是对中国传统文化的全角度、全过程展现。境外人群能够从文房四宝的制作使用中了解到中国人的历史传承和民族特性，也能够从食材准备和美食烹饪中了解到中国人的风俗习惯和喜怒哀乐。可贵的是，这一切，没有大而空的形容词和宣示语，也没有机械呆板、絮絮叨叨的说教，有的只是植根于日常、触手可及的认真生活，有的只是视角独特、亲切自然。平淡自然中蕴含着真的爱，行云流水中传达着真的痴，感兴趣和喜爱的人自然就能有感觉、起共鸣。其间的家长里短、烟熏火燎和乡土乡音，人们看得见，摸得着，体会得到，易于共情。有传统文化的价值沉淀，也有当下生活的丰富多元，短短的视频，却将看起来平平淡淡的事情表现得活色生香，情真意真。

第二，有创新也要有坚持。全方位创新是李子柒成功的重要原因。李子柒艺术化地展现了中国的传统文化和乡村田园生活，在展现“中国梦”的同时也在帮助境外民众理解“中国梦”，精致而又不乏仪式感，在内容和形式上都有一系列的创新。不仅如此，李子柒在商业运作、渠道选择、表现手法、技术赋能等方面也有很多新的尝试，效果明显。如尽量少用语言，而是更多运用视觉元素表现，不仅有效减少了语言转换过程中的损耗和扭曲，还将人们的注意力更多地集中到事件本身。也要注意到，创新从来不是容易的事情。李子柒每条视频巨量播放量背后，是笃信坚守的工匠精神指引下对内容的精益求精。在每一条视频背后，都是反复尝试和长期艰苦的付出。在这种“慢工细活”模式下，李子柒稳定地实现了高质量的作品产出。“慢”在这里，其实也就成了“快”。

在文化和旅游深度融合和技术快速迭代的大背景下，不仅文化“走出去”能够从李子柒现象中得到借鉴，旅游产品开发和推广也同样能够从中获益。灵感来自哪里？来自中国优秀传统文化，也来自生活中的点点滴滴。

其实，入境旅游推广更需要从文化角度去赋能，用生活的细节来打量。动力来自哪里？来自对美好生活的向往和追寻，也来自匠心独运的创新和坚持出高质量产品的耐心。唯有如此，才能立得住、传得开、留得下。

与李子柒现象类似的，还有“一眼万年”的“不倒翁小姐姐”。其身穿华丽唐装、姿势优美、眼神温柔，如贵妃般高雅、又如仙女般轻盈。6000 余条表演视频的总播放量超过了 15 亿次，数据每天还在增长。虽然晚上 7 点才开始第一场表演，但是从下午的 3 点钟开始，就有很多游客大排长龙。当地商户从中获益良多，感叹“生意比以前好多了，网红不倒翁确实厉害”。

如今大众旅游迈向新常态，人们对旅游产品的需求正在从“有没有”向“好不好”转变，对目的地和旅游项目的要求更高也更苛刻。

见惯了俗脂艳粉，突然冒出来一个清丽脱俗的项目，想不火都难。但在

“不倒翁小姐姐”的背后，还有大量的景区或目的地在同质化竞争的泥沼里挣扎。这些景区无论核心景点的打造还是包括旅游商品、体验活动在内的业态设计都乏善可陈，“跟风”现象严重。

据报道，“不倒翁小姐姐”走红后，其表演时所用的圆形底座也随之走俏，可以预想到，未来类似的表演会雨后春笋般在各地出现，但影响力一定不复首创者。

这些年，文旅产业走强，这原本是好事；但一些地方虽然古建筑盖得很恢宏，却缺乏运营思维。将旅游产品开发解构为简单的符号化表达和商业的机械化复制，结果往往一哄而上，又一哄而散，徒留一地鸡毛。旋生旋灭的各式旅游小镇、似曾相识的“特色”旅游商品，都是如此。所谓文创产品也难见创意，往往让游客感慨“去哪里都一样”，旅游的体验大打折扣。

“不倒翁小姐姐”的爆红，当然一方面来自演员本身的才华，但同时也体现出运营方难得的创意思维和细节把控，对于其他地方来说，是一个值得研究的样本。

这几年，诸如故宫等的实践表明，传统文化的传播不只靠博物馆里的玻璃展台，更重要的是真正融入现代生活，特别是瞄准作为“网络原住民”的年轻人，关心他们的碎片化需求，在时尚和传统之间架起桥梁，在个性表达和社交平台上做足文章。

要做到这一点，仅靠追加投资不行，仅靠铺广告也不行，要真正摆脱传统文化的“疏离感”，需要特别注重参与感和体验感。不拘泥于传统，大胆地用想象力对传统进行“再创作”。

无论是和观众牵手的“不倒翁小姐姐”还是受到海外网友热捧的“李子柒”，都在悠久的历史文化中注入浓浓的人间烟火气，别有一份闲适自在。犹如一种心灵按摩，抚慰着当下普遍的焦虑感和空洞感，他们的走红，并不侥幸。

中国传统文化中，有故宫、长城、兵马俑等世界级大 IP，但更多的则是广泛存在于人们生活中的各种各样的原子化小 IP。可以是舌尖美食，可以是花鸟鱼虫，可以是华美汉服，可以是小曲小调，承载着快乐和希望的点滴美好，其实都是“网红”的潜在基础和素材。可以说，时下很多“网红”都循着这样的逻辑，他们的走红，红在了细节上的巧思，而不是一味贪大求全的鸿篇巨制。

这也提醒很多地方，文旅产业的发展不只是招商引资、盖楼卖货，创意与运营同样非常重要。要深入挖掘本地文化特色、寻找传统和现代的融合点，并积极借助网络的传播优势，不断创造有特色、有人气、有流量的文化符号。

当然，"网红"是优势，也是责任。在捧"网红"的同时，也要加强旅游市场的管理和服务品质的监督，避免给游客带来负面印象。左手创新、右手服务，旅游市场才能持续健康发展。

必须认识到，一个李子柒是远远不够的，我们需要千千万万的李子柒。如何为更多的李子柒出现创造良好条件，应该是我们未来努力的方向和工作的重点。如此这样，或许有一天，李子柒现象不再是现象，而会成为人们熟悉的日常和平常。

附　　录

附录一：ADS 目的地名录

我国从 1983 年开始正式展开出境旅游，截至 2019 年已经对 132 个国家和地区展开组团业务，其中，欧洲涉及 41 个国家和地区、亚洲涉及 38 个国家和地区、非洲涉及 22 个国家和地区、大洋洲涉及 11 个国家和地区、北美洲涉及 10 个国家和地区、南美洲涉及 10 个国家和地区。其中，对澳大利亚、新西兰、日本和美国的组团业务分别分省份、分批次展开，其余国家均全面展开。

表 1　　**正式实施开放的旅游目的地列表**

开展年份	亚洲（38）	大洋洲（11）	欧洲（41）	非洲（22）	北美洲（10）	南美洲（10）
1983 ~ 1992 年	中国香港、中国澳门、泰国、新加坡、马来西亚、菲律宾					
1998 年	韩国					
1999 年		澳大利亚、新西兰				
2000 年	日本、越南、柬埔寨、缅甸、文莱					

续表

开展年份	亚洲（38）	大洋洲（11）	欧洲（41）	非洲（22）	北美洲（10）	南美洲（10）
2002 年	尼泊尔、印度尼西亚、土耳其		马耳他	埃及		
2003 年	印度、马尔代夫、斯里兰卡、巴基斯坦		德国、克罗地亚、匈牙利	南非	古巴	
2004 年	约旦、塞浦路斯		希腊、法国、比利时、荷兰、芬兰、卢森堡、瑞典、丹麦、葡萄牙、捷克、挪威、西班牙、瑞士、冰岛、意大利、波兰、奥地利、爱尔兰、立陶宛、爱沙尼亚、拉脱维亚、斯洛伐克、斯洛文尼亚、罗马尼亚、列支敦士登	埃塞俄比亚津巴布韦、坦桑尼亚、毛里求斯、突尼斯、塞舌尔、肯尼亚、赞比亚		
2005 年	老挝	北马里亚纳群岛联邦、斐济、瓦努阿图	英国、俄罗斯		安提瓜和巴布达、巴巴多斯	智利、牙买加、巴西、墨西哥、秘鲁
2006 年	蒙古	汤加			格林纳达、巴哈马	
2007 年	孟加拉国、叙利亚、阿曼		安道尔、摩纳哥、保加利亚、	乌干达、摩洛哥、纳米比亚	阿根廷	委内瑞拉

续表

开展年份	亚洲（38）	大洋洲（11）	欧洲（41）	非洲（22）	北美洲（10）	南美洲（10）
2008 年	中国台湾、以色列、多米尼克	法属波利尼西亚			美国	
2009 年	阿拉伯联合酋长国	巴布亚新几内亚	黑山共和国	佛得角共和国、加纳共和国、马里共和国	多米尼克	圭亚那、厄瓜多尔
2010 年	朝鲜、乌兹别克斯坦、黎巴嫩	密克罗尼西亚	塞尔维亚共和国		加拿大	
2011 年	伊朗伊斯兰共和国					
2012 年		萨摩亚独立国		马达加斯加、喀麦隆		哥伦比亚
2013 年				卢旺达		
2014 年			乌克兰			
2015 年	格鲁吉亚				哥斯达黎加	
2016 年	哈萨克斯坦、亚美尼亚		马其顿共和国	塞内加尔		
2017 年		法属新喀里多尼亚		苏丹共和国、圣多美和普林西比		乌拉圭
2018 年	卡塔尔国		阿尔巴尼亚共和国			
2019 年	阿塞拜疆		波黑			

资料来源：整理自文化和旅游部网站。

附录二："一带一路"签证费用一览

表 1　"一带一路"沿线国家来华签证费用　单位：元

签证费用	平均数	最高	最低
	284.38	631	65（除免签国家）

资料来源：相关公共渠道搜集。

表 2　我公民访问"一带一路"沿线国家签证费用　单位：元

签证费用	平均数	最高	最低
	369.9	1200	35（除免签国家）

资料来源：相关公共渠道搜集。

表 3　"一带一路"南线国家来华签证费用　单位：元

签证费用	平均数	最高	最低
	218.25	548	65（除免签国家）

资料来源：相关公共渠道搜集。

表 4　我公民访问"一带一路"南线国家签证费用　单位：元

签证费用	平均数	最高	最低
	163.44	410	35（除免签国家）

资料来源：相关公共渠道搜集。

表 5　"一带一路"中线国家来华签证费用　单位：元

签证费用	平均数	最高	最低
	232.8	631	75（除免签国家）

资料来源：相关公共渠道搜集。

表 6　我公民访问"一带一路"中线国家签证费用　单位：元

签证费用	平均数	最高	最低
	316.76	750	45（除免签国家）

资料来源：相关公共渠道搜集。

表 7　　“一带一路”北线国家来华签证费用　　单位：元

签证费用	平均数	最高	最低
	366.1	552	162（除免签国家）

资料来源：相关公共渠道搜集。

表 8　　我公民访问“一带一路”北线国家签证费用　　单位：元

签证费用	平均数	最高	最低
	522.62	1200	39（除免签国家）

资料来源：相关公共渠道搜集。

参考文献

[1] 刘权，董英华．海外华商网络的深入研究及资源利用［J］．东南亚纵横，2003（7）：59－62.

[2] 张禹东．海外华商网络的构成与特征［J］．社会科学，2006（3）：106－111.

[3] 周刚．关于红色旅游市场营销研究——以云南省为例［J］．北京第二外国语学报（旅游版），2006（7）：54－60.

[4] 何静．红色旅游的市场特征研究［D］．南昌：南昌大学，2006.

[5] 陈宁英，张河清．基于 SWOT 分析的红色旅游国际市场开发初探［J］．Pioneering with Science & Technology Monthly，2008（3）：49－51.

[6] 喻彩霞，刘冰．基于奥运机遇的红色旅游国际市场开拓［J］．Pioneering with Science & Technology Monthly，2008（14）：526－527.

[7] 曾婷婷，吴克祥．出境游与海外华侨华人企业合作的影响机制研究［J］．特区经济，2010（8）：165－166.

[8] 徐仁立．红色旅游国际市场开发策略研究［J］．经济师，2010（5）：204－205.

[9] 杨劲松．大众时代的出境旅游和解决方案［J］．旅游学刊，2011，26（7）：10－11.

[10] 杨劲松等．基于华商网络的出境游促进模式构建研究［J］．特区经济，2011（9）：161－163.

[11] 杨劲松．发达国家旅游业中长期发展政策值得关注［N］．中国旅游报，2012－03－05（3）.

[12] 戴斌等．中国出境旅游发展的阶段特征与政策选择［J］．旅游学刊，2013，28（1）：39－45.

[13] 杨劲松，王葵. 原住民对发展当地旅游业态度的研究综述 [J]. 旅游科学，2013，27 (4)：1-8.

[14] 杨劲松. 中俄旅游合作需要系统深耕 [J]. 当代旅游，2013 (1)：40-71.

[15] 陈青霞. 文化软实力视角下的入境旅游目的地营销——以北京市为例 [D]. 北京：首都经济贸易大学，2014.

[16] 杨劲松. 红色旅游产品的入境旅游市场开发研究 [J]. 中国旅游评论，2015 (4)：63-67.

[17] 杨劲松. 在沿边重点地区开发开放中的我国免税业机遇 [J]. 中国旅游评论，2015 (1)：69-74.

[18] 杨劲松. 东北亚旅游合作需“日常范” [N]. 人民日报（海外版），2016-06-30 (3).

[19] 杨劲松. 我国边境旅游发展的动力集成和前景展望 [J]. 旅游研究，2016 (10)：8-10.

[20] 中国旅游研究院课题组. 中国出境旅游发展年度报告2019 [M]. 北京：旅游教育出版社，2019.

[21] 杨劲松. 开放是粤港澳大湾区旅游业发展根本动力 [N]. 中国旅游报，2019-03-01 (5).

[22] 杨劲松. 提振入境旅游需打好“组合拳”[N]. 中国旅游报，2019-09-4 (3).

[23] 杨劲松. 优化环境为提振入境旅游做好准备 [N]. 中国旅游报，2020-03-18 (3).

[24] 杨劲松. 2018~2019年中国出境旅游发展分析与展望 [M]. 宋瑞等，2019-2020年中国旅游发展分析与预测. 北京：社会科学文献出版社，2020：192.

[25] 杨劲松. “一带一路”文旅融合前景广阔 [N]. 中国旅游报，2018-04-13 (3).

[26] 杨劲松. 发挥政策指引作用 创新发展边境旅游 [N]. 中国旅游报，2018-04-16 (3).

[27] 杨劲松. 上合组织新蓝图中的旅游担当 [N]. 中国旅游报，2018-06-08 (3).

[28] 杨劲松. 充分释放上合组织旅游合作潜力 [N]. 中国旅游报, 2018-06-15 (3).

[29] 杨劲松. 景区推广和开发要坚持正确价值观 [N]. 中国旅游报, 2018-08-10 (3).

[30] 杨劲松. 旅游合作演绎精彩金砖故事 [N]. 中国旅游报, 2018-08-24 (3).

[31] 杨劲松. 推动中俄地方旅游合作再上新台阶 [N]. 中国旅游报, 2018-09-14 (3).

[32] 杨劲松. 文物旅游事业进入新的发展阶段 [N]. 中国旅游报, 2018-10-12 (3).

[33] 杨劲松. 海南自贸试验区建设将为旅游业深化改革开放探路 [N]. 中国旅游报, 2018-10-22 (3).

[34] 杨劲松. 以文促旅以旅彰文深化中日韩合作 [N]. 中国旅游报, 2018-11-02 (3).

[35] 杨劲松. 旅游让工业遗产活起来 [N]. 中国旅游报, 2018-12-3 (3).

[36] 杨劲松. 深化 G20 旅游交流合作全面助力世界经济发展 [N]. 中国旅游报, 2018-12-10 (3).

[37] 杨劲松. 促进文旅对外交流融合增强中华文化软实力 [N]. 中国旅游报, 2019-01-30 (3).

[38] 杨劲松. 文创开发要有健康的审美取向 [N]. 中国旅游报, 2019-02-11 (3).

[39] 杨劲松. 办好“旅游年”增进中国和太平洋岛国人民福祉 [N]. 中国旅游报, 2019-04-12 (3).

[40] 杨劲松. 文化和旅游合作为“一带一路”建设注入新活力 [N]. 中国旅游报, 2019-04-24 (3).

[41] 杨劲松. 新时代中俄旅游合作呼唤新作为 推动中俄地方旅游合作再上新台阶 [N]. 中国旅游报, 2019-06-10 (3).

[42] 杨劲松. 旅游交流在深化上合组织合作中大有作为 [N]. 中国旅游报, 2019-06-19 (3).

[43] 杨劲松．跨越喜马拉雅开创中尼旅游合作新天地［N］．中国旅游报，2019-10-16（3）．

[44] 杨劲松．文旅融合为“欢乐春节”添彩［N］．中国旅游报，2019-02-04（3）．

[45] 杨劲松．“欢乐春节”让世界感知中华文化［N］．中国旅游报，2019-02-13（3）．

[46] 杨劲松．以高质量文化产品供给破解博物馆成长的烦恼［N］．中国旅游报，2019-03-06（3）．

[47] 杨劲松．创新推动中意文旅交流再上新台阶［N］．中国旅游报，2019-03-27（3）．

[48] 杨劲松．创新文旅交流模式助力中欧关系发展［N］．中国旅游报，2019-04-17（3）．

[49] 杨劲松．旅游供给侧不断优化新业态呼唤创新发展［N］．中国旅游报，2019-08-16（3）．

[50] 杨劲松．让旅游成为打造中非命运共同体排头兵［N］．中国旅游报，2018-09-05（3）．

[51] 杨劲松．旅游助推中非人文交流迈向新时代［N］．中国旅游报，2018-09-07（3）．

[52] 杨劲松．加强公共文化服务满足人民精神文化需求［N］．中国旅游报，2019-09-13（3）．

[53] 杨劲松．上海的“让建筑可阅读”为文旅融合提供有益借鉴［N］．中国旅游报，2019-10-28（3）．

[54] 杨劲松．优质冰雪旅游需要更多文化温度［N］．中国旅游报，2018-11-16（3）．

[55] 杨劲松．文明之光照鉴中希旅游合作［N］．中国旅游报，2019-11-15（3）．

[56] 杨劲松．中非旅游合作挑战［J］．中国投资（非洲版），2019（12）：24-28．

[57] 杨劲松．“不倒翁小姐姐”爆红，和李子柒“异曲同工”［N］．新京报，2019-12-14（A04）．

[58] 杨劲松．透过李子柒现象 看文化如何“走出去”[N]．中国旅游报，2019－12－18（3）．

[59] Allen L R，Hafer H R，Long P T，et al. Rural residents'attitudes towards recreation and tourism development [J]. Journal of Travel Research，1993，31（4）：27－33.

[60] Ap J，Crompton J L. Developing and testing a tourism impact scale [J]. Journal of Travel Research，1998，37（2）：120－30.

[61] Cave J，Ryan C，Panakera C. Residents' perception，migrant groups and culture as an attraction – the case of a proposed Pacific Island culture centre in New Zealand [J]. Tourism Management，2003，24：371－385.

[62] Chuang S T. Rural Tourism：Perspectives from social exchange theory [J]. Social Behavior and Personality，2010，38（10）：1313－1322.

[63] Cole S.（1997）Anthropologists，local communities and sustainable tourist development. In M. Stabbler（ed.）Tourism and Sustainability：Principles to Practice（pp. 219－230）. Oxford：CABI.

[64] Doxey G V. A causation theory of visitor – resident irritants，methodology，and research inferences. Sixth annual conference proceedings of the Travel Research Association，San Diego，CA：Travel and Tourism Research Association，1975：195－98.

[65] Mc Cool S F，Martin S R. Community attachment and attitudes toward tourism development [J]. Journal of Travel Research，1994，32（2）：29－34.

[66] Sampson R J. Local friendship ties and community attachment in mass society：A multilevel systemic model [J]. American sociological Review，1988，53：766－79.

[67] Sundblad D R，Sapp S G. The persistence of neighboring as a determinant of community attachment：A community field perspective [J]. Rural Sociology，2011，76（4）：511－534.

[68] Ritzer G. Sociological Theory [M]. 4th ed. New York：Mc Graw－Hill，1996.

后　　记

本书主要是对国际旅游交流与合作一些实践性问题的探讨，可以说是对时代问题的积极回应。我们所处的时代，是前所未有的开放时代。在这个时代，中国旅游业取得了历史性的成就，国际旅游交流与合作也展现出日益广阔的发展空间，为我们的研究准备了前人难以想象的丰富素材。当然，也提出了许多新的问题和挑战，需要我们去面对和克服。由于承担了很多国际旅游交流与合作方面的课题，能够有幸近距离地观察国际旅游交流与合作，也亲身参与了不少国际旅游交流与合作的项目。工作的需要，加上解决问题的压力，驱使我长期关注国际旅游交流合作，并尝试去回答其中一些问题。国际旅游交流合作内容和机制复杂，涵盖面广，常常目标多元，又比较敏感。由于能力所限，在解决的时候很多时候感到力不从心。所幸领导和同事在此过程中给予了珍贵的帮助。特别是戴斌院长，在国际旅游交流合作的许多重要问题上给予了珍贵的启发和指导，让我少走了不少弯路。

本书是对我近年来国际旅游交流与合作方面成果的一个系统总结，由于国际旅游交流与合作本身就比较宏大，本书没有也不可能对这个命题进行全面研究，只是根据个人的研究方向和学术积淀进行了有选择的阐释，容易挂一漏万，也容易失于浅薄。其中部分内容已经在学术刊物、论文集和报纸上发表过，在此次书稿形成过程时有所修正。有些内容是我和其他研究者合作的成果，包括共同发布的论文和我承担的课题的一些研究成果。这些我都在书稿中尽力标注完整。在此对所有的合作者表示感谢。戴斌院长引导我从更高的层面、更综合的视角、更长远的视野和更落地的执行等方面深入思考，提升了我研究和解决国际旅游交流合作问题的能力。张广瑞、刘德谦、戴学锋、龚立仁等老师长期给我指导和帮助；众多同门、同事从选题、谋篇和修改打磨等各个方面给了我有力帮助。韩霄、白慧茹等研究助理在整理文献资料、处理数据等方面做了很多烦琐细致的工作，在此一并感谢。书稿的形成，感谢妻女的全力支持。新冠疫情期间，小女不能上学，又有繁重作业需要完成。妻子在完成本职工作之余，主动担起带孩子学习的重任，孩子也努力上进，这些为我提供了良好的科研环境，免去了后顾之忧。感谢原国家旅游局和北京社科基金的科研立项，为本书出版提供了经费支持。感谢出版社保障了本书的顺利出版。

作者谨记于懿品阁

时在庚子岁中